華麗的告解

廚師、大盜、總統
和他們的情人

董成瑜

目錄

訃聞

推薦序——不是魔不成角兒

楊索

我與董成瑜曾是《中國時報》同事，當時不認識，不曾在報社遇見。她赫赫有名，卻是我們都離開中時，她在《壹週刊》領軍人物組，邀我寫稿才首次見面。

董成瑜是極端恪守「Don't show off」的人，因此江湖只聞其名，很少人見過她。我還記得初次見到她的情景。那天我們約在信義誠品一樓咖啡館，我剛落座，然後見到穿黑衣圓裙的明星推門而入。不！我沒見過，這女子的容貌靈氣逼人，又比明星多了沉穩蘊藉的大氣。未料，她竟向著我走來，並對我一笑，我一時被震懾住、慌了一下。女子輕聲開口說：「我是董成瑜。」我就像她的受訪對象，被她擒獲了。

她外冷內熱，我外熱內冷，我們很慢熱，一年見不到一次面，友誼如低溫熟成，一點點熱起來。董成瑜告訴我，她已經十多年沒交往新朋友，來往的友人只有個位數。她看來不是孤僻的人，而我也沒問她為什麼。近日讀這本《華麗的告解》，我才瞭解原因。她寫說，因為《壹週刊》爭議之名，她走到哪裡，「都要先舉起雙手做出無辜無害的動作」。

我曾嚴厲抨擊《壹週刊》違反人性的採訪手段，也與董成瑜深入討論過。她不想為工作了十幾年的這媒體，也不想為自己辯護。她曾告訴我，因為有吸睛出格的報導引來的營收，才養得起專欄作家和眾多記者，包括她所領軍的人物組記者，像是：王錦華、周家睿、房慧真、李桐豪、鄭進耀（萬金油）等。但我批評，這無法成為理由，沒有人、尤其是弱勢女子必須被侵犯至聲名狼籍來養活任何人。

太陽花女神劉喬安被釣魚設計做新聞，是最後一根稻草，董成瑜選擇提前優離，去追尋壓抑已久的電影夢。董成瑜是九〇年代受台灣電影新浪潮影響而出國讀電影的最後一批人。她是美國愛荷華大學傳播系電影組畢業的科班生，回台後眼見電影低迷，她只好走入新聞界，然而前年她甫出手，便與蔡明亮合作電影《郊遊》，此片後來奪國際大獎，董成瑜在電影界的後勁才剛發功。

做過記者的人都曉得寫人物很難，除了難在文筆如何刻畫入微，把一個新聞人物的明暗立體性呈現出來，其實真正難處不在明察秋毫，而是要「我心如秤」，尤其上得了《非常人語》的人物都風風火火，有的是爭議性人物，寫作者如何不帶偏見火氣寫人是很大的考驗。

這本書收錄的人物如李國修、蔣方良，我也訪問過、寫過，我曾在七海官邸、蔣孝文、蔣孝武的葬禮瞥見過蔣方良。我還是屏風表演班的創始團員，演過創團戲《1812與某種演出》，與李國修近距離說過話。可是訪問李國修卻是重大挫敗。李國修有導演的強勢操縱性格，當日他選擇安排採訪入鏡的場景，一手主導他想發表的話題，我已經做了十多年的記者，卻不敵而入其彀，只好認輸。

董成瑜卻不然，他挖出李國修性格中的脆弱性，讓他吐實說出心路歷程。就連直面三十三年來已接受過無數次訪問的國際編舞家林懷民，她可以寫出一個盛名之下、虛空的虛空如所羅門王的文化界君王。董成瑜深入蔣方良的內心，追索她遭丈夫一再背叛成為一個失語症菟絲花的第一夫人，在她筆下，蔣方良的孤寂才有了細節性的支撐。

她寫出真性情狂愛的林青霞、李安拆解美國神話的國際名導地位由來、摘掉王家衛墨鏡，讓他說自己的故事、挖掘出不為人所識的一面。台上一分鐘，台下十年功，董成瑜的採訪功課做到就如拍電影，環環相扣的細節、前置作業準備扎實，因而受訪者無法逃遁，並且她會緊咬住答覆內容一再追問，善問者如扣鐘，扣之以大者大鳴，扣之以小者小鳴是董成瑜訪談功力最貼切的形容。

讀這本書就像看推理小說，受訪者像逃逸的兇手，被她根據有限線索一點一滴重建現場、進而捕獲。她寫陳啟禮，頗具黑色幽默，陳啟禮不怒而威，猛然抽出一根蒼蠅拍啪一聲讓蒼蠅斃命，書中隱喻、轉喻渾然天成、不著痕跡，有時甚至帶有禪意。寫陳啟禮皈依台灣的悟明法師，法師不問世事，不曉陳啟禮來頭，竟然規勸：「明道（陳的法號）你既然受戒了，就不要再去偷人家東西了。」我讀這段剛好拿起水杯喝水，差一點就被嗆到。

董成瑜的受訪者有的像刑事案的受害人，她持刀站在解剖台，一層層從皮肉到組織剖出這人到底是他殺或事實上自殺、殺人的成因背景，過癮之處不在麻辣，而在幻化奇境的層次。這位江湖奇女子的文字結構冷冽清澈、嚴謹細工，文如其人。最獨特處是她寫人物是有觀點的寫作，每個受訪者流露出無所遁形的價值觀，而董成瑜行文轉折就如文壇大家王文興所言，一字一句一段都是一個概念，因此讀者只有步步驚心由她作引路人，跟隨追索下去直至終篇句點浮現，這些人與那些人的非常之處或反常之處才令你終於豁然知悉。

有趣的是，董成瑜是《壹週刊》首席殺手，這位女子神態優雅、臉上總有一抹蒙娜麗莎式的微笑，然而七步奪命封喉卻是用有如「愛上」受訪者的狂熱卯足勁挖掘人性。江山如此多嬌，引無數英雄競折腰。針尖對麥芒，連金小刀都丟了兵械。

我就坦承招供吧！幾年前董成瑜邀我撰稿，我以為自己的人物採訪薄有名聲、欣然受邀。不料，從開受訪名單到訪問內容，她反覆查問，等終於出刊，我仔細看過文章，發覺稿子被細修過，像雷射除斑、打肉毒桿菌展現出豐潤細緻、完美無缺的筆觸，我簡直呆了，竟然、竟然、竟然，連解嚴年代馳名的《新新聞》週刊總編輯王健壯都避免修改我的稿件，免得我白目反彈。竟然、竟然，比董成瑜資深的我這隻老鳥被改得心服口服。

董成瑜用這本書的海內外人物描繪出當代景深，一個個地標型的人物錯落具現大時代。我讀到韓國導演朴贊郁走過民主轉型之路的自省：「我看到許多人被捕、被毆打或拖去監獄，雖然我算是參與過示威場面，但沒有獻身於這個運動，我只是一個旁觀者，當那麼多人為了民主流血流汗甚至死亡，我卻沒做什麼，這種罪惡感一直沒有消失，似乎也會跟著我直到死去。因此這樣的罪惡感成為我電影中最重要的素材，往後也將如此。」這段話重重地擊中了我，話語的力度是問者的深度才能引出，使訪談猶如史筆之作。

小說家、文學評論家愛德華．M．佛斯特談小說藝術時曾引述法國評論家亞倫的論點，亞倫研究許多種不同形式的藝術活動，關於小說、亞倫主張每個人都有兩面性，好比是歷史和小說。他認為一個人身上所能觀察到的行為，以及可以從行為推論出的精神（心靈）存在都屬於歷史範疇。但是他幻想或浪漫的那一面，則包括「純然的熱情，如夢想、喜樂、悲傷，以及那些不便透露或羞於啟齒的私密行為。」就如小說，呈現了人性。

董成瑜的這本人物訪談錄是歷史，也是小說，既有本有實又奇幻迷離。一個個現實生活中的一方之霸、元首至尊被她召喚定位、結構解構如凡夫俗女，即使他們再刁鑽難馴、圓滑世故，董成瑜也令其素面相見。

然而董成瑜道似無情卻有情，她筆下的阿基師，在她訪問結束、忽而又推門確認細節時，是一個摘下主廚白色高帽、身材小巧的人，這個小人兒在午休時間、空無一人的廚房，拿著一隻彩筆細細彩繪蛋殼，只為研發新的盤飾，是這種不是魔不成角兒的激情造就了一位名廚的專業。董成瑜的以細節烘托讓我重新認識栽跟頭的阿基師，使我動容。

《華麗的告解》是小說，也是歷史，當然更是金針度與人的經典之作。

（本文作者為作家）

推薦序——董小姐的故事和她的微笑

陳浩

事情要從我在臉書上偶然發現的一篇文章開始講起，文章的作者是一個似乎失蹤了一陣子的名字「董成瑜」：

【陳啟禮的Polo衫】

二〇〇五年陳啟禮已經流亡柬埔寨多時，心心念念要回台灣，邀請多家媒體去柬埔寨採訪他，我們自費去採訪三天，某晚他請我們在一家餐廳的包廂吃飯，他手機響起，他邊講邊朝外走，說時遲那時快，整桌的手下立刻轟地全站起來跟出去，將他團團圍住，每個人都手按口袋（可能有槍），警覺觀察。我和攝影同事目瞪口呆坐著，為這精良的組織訓練咋舌，為宛若置身黑幫電影而緊張。結果沒事，沒有人利用電話引誘他走出去殺他。兩年後他癌症復發，客死在香港這個最靠近台灣的華人地區，終究沒能如願回到台灣。

出刊時他原本對我期待甚深，交代屬下要多買雜誌，後來看到屬下傳真去柬埔寨的報導，十分失望，認為我仍著重在他過去的事，不寫他的許多善行，因此就不買雜誌了。

那次我在台灣側訪了「一清專案」時負責逮捕陳啟禮的市刑大警員藍文仲。藍文仲意外的為那個時代、為江南案——陳啟禮人生的最高潮，做了一個小小的註解。

「那是一九八四年十一月十二日。當時我們不知道江南案，也不清楚為何要抓陳啟禮。前一天，顏世錫要我們十二人去抓他，去之前，要先發誓，今日之事不能說。我們奉命要先抓到陳啟禮，才開始一清專案。」

起先警方不知道陳啟禮在哪裡。後來查到陳啟禮妻子陳怡帆舅舅名下在木柵國花山莊的房子。藍文仲和一位女警搭配，帶一桶喜年來蛋捲去按電鈴，一個傭人出來應門，他隨口說要找一位陳先生，傭人說沒這人。「但開門時，我已看到陳啟禮在裡面講電話。我就退回山下，之後十二人全在此會合，將房子團團圍住。」

警方衝進去時，陳啟禮仍在講電話。「我們把電話按掉，他說：『我在跟魯俊（時為台北市刑大除暴組組長）講電話！』我們銬他，他說：『為什麼銬我？我是情報局的人，你們抓我，要付出很大代價！國家會動盪哦！』我們把他和他老婆銬起來。我去搜他房間。他的衣櫃一打開，全是Polo衫！每種顏色有好幾件。那時Polo衫很罕有，是高級品，」藍文仲有些不好意思：「從此我也開始穿Polo衫了。」

這是陳啟禮對當時一個年輕刑警的影響。

我忍不住留了言（當然也立即分享）：

讀這篇文章，想到宋冬野的歌詞：「董小姐，你才不是一個沒有故事的女同學」我說的不是原歌詞的脈絡，我想起那些買了雜誌，發現沒有董成瑜的文章就很失落的日子。還好，她又開始讓我們在臉書上看到文章，她還是那麼靈動，丟出一個句子就是一個故事，她才不是隨手就把故事丟了出來，這位學電影的女同學經營一個念頭就是一個短片，讀她一個故事，鏡頭就隨著她的筆尖移動，她寫的是短文嗎？當然是劇本。但你讀到最後結尾又有電影做不到的無比俐落的「收一把」，這時你彷彿又聽到宋冬野的歌聲從煙霧中傳來：「董小姐，你嘴角向下的時候很美。就像安和橋下，清澈的水。」

董成瑜當然是習慣讓我們驚豔的，她是許多讀者熟悉的《壹週刊》十多年來、一百多篇人物專訪的作者，她本人雖然神秘，但文字的出場每次總是華麗動人！我很難想像，在台灣，能將新聞人物專訪寫作當成一個專業，甚至做成了一門手藝。

新聞記者多半是在自己的採訪領域裡，以人寫事或以事寫人，媒體絕少將人物專訪做成專業領域，也曾有同業試圖倣國外人物雜誌的作法，但都未能持久。答案很簡單，因為很難。人物寫作不要說做成一種媒體，做成一專業的「工種」都很難養活。

《壹週刊》是本很受爭議的雜誌，《花花公子》前陣子宣布不再刊登裸女照片，許多讀者想起當年偷看《花花公子》被逮著的時候，總說是為了讀裡頭的「好」文章。我讀《壹週刊》的理由不複雜，因為在電視台工作，必須讀，當然也會以自己閱讀的經驗想像這本雜誌的內容策略，譬如說，它為什麼要不惜成本發展一個「人物組」，人物專訪對《壹》來說並不像某些高價專欄有裝飾性，那是要能吸引一般讀者、要能賣錢的內容。我喜歡讀，也會期待讀《壹》的人物專訪，尤其是從創刊開始，重要關鍵人物的專訪都是領軍親征的人物組頭頭董成瑜的文章。行內的人都知道，這《壹週刊》的薪水不好拿，可黑道出身的大哥顏清標一看到她就噤聲左右，說：「《壹週刊》的殺手來了，」我還是吸了口氣、使勁想像當時這位清麗佳人現身時的專業氣場。

最難忘的當然是她訪問黎智英的文章，這活兒談何容易？她自己說：「採訪自己的老闆不容易，不是得罪老闆就是得罪讀者，最可能是把兩者都得罪了」。我算是個挑剔的讀者，她沒得罪我；她應該也沒得罪老闆，否則《壹週刊》不會一連四次的黎智英訪問都是她做的。我討厭《壹週刊》有八百個理由，她的訪問解釋了其中四百個「為什麼」。很少有老闆能這麼給答案，也很少有訪問者能要到這麼多答案。

美國的人物訪問女王芭芭拉．華特絲退休時接受訪問，第一個問題就問她：「訪問別人與接受訪問有什麼不同？」她答：「訪問別人的時候，你控制全局；接受訪問的時候，你以為你主控，其實不然。」（When you're interviewing someone, you're in control. When you're being interviewed, you think you're in control, but you're not.）華特絲講的總像是真理，細品之下，女王講的是一個修煉到的境界，哪裡是隨便就能做到。一個訪問者的心理素質，如果不夠強，情蒐、策略、佈局、手藝缺一不可，又哪裡是一句「說大人則藐之」就可以當成心法說過關就斬將？這本書裡雖然只收了三十一篇文章，不乏各種叱吒風雲、喊水結凍的人物，我總是揣想《壹週刊》的「好名聲」輕易就讓這些風口浪尖的人就範？除了要敲得開門，你喜歡也得訪，討厭也得訪，也容不得你害怕膽怯……她必須隱藏自己的政治傾向，喜怒哀樂，一方面把自己當成同理心機器，把所有被訪問者拉到人與人性的位置；有時得示強以弱，實以虛之，否則抓不住真相；起筆當下，非得想像讀者有火眼金睛、作者別有居心都無所遁形不可。

在這十多年線性時間的人物訪問，發表當時無不緊抓讀者眼球，掀起話題，而每一篇都是以「週」為計的保鮮期限，收集成冊後，略為還原時空背景，有的讀來飽含意趣，有的別有體會，也有封存原汁原味，都淬煉為雋永常新的人物專訪精品。

董成瑜的這本人物自選集，訪問的功夫，鐵杵磨成針，不見得在字裡行間就能透悉，有些修行能耐也不必都為外人道；但是從每一篇的寫作，倒是都能讀得到作者的慧心與匠心，尤其是她調皮埋藏的彩蛋，像是在等著看看讀者發現時的表情。每一位成功的人物寫作者的筆都是複雜的，但一定擁有巨大的同情，足以穿透閱讀者的差別態，嘗試回到平常人間的條件，讓人看見人，心遇到心。我在董成瑜的文章中感受到這樣的企圖，而且認真的微笑。

（本文作者為媒體人、作家，現任雲廣科技公司總經理）

自序——進入他人內心之必要

一則蘇聯時期的政治笑話。布里茲涅夫死後下了地獄，因為他曾是一個偉大的領袖，他被賦予可以參觀地獄並選擇一個房間的特權。導遊打開一扇門，布里茲涅夫看到赫魯雪夫坐在沙發上，瑪麗蓮夢露坐在他大腿上，兩人正激情擁吻。布里茲涅夫開心地喊著：「我選這個房間！」導遊說：「別急，同志！這個房間不是給赫魯雪夫的，是給瑪麗蓮夢露的。」

這個笑話說明了我在《壹週刊》十三年的部分感受。倒轉一下，別人以為的地獄，我卻在其中看到了驚奇的風景。而在採訪人物時，觀點如果也能翻轉再翻轉，那麼風景就更是變化無窮了。

時報出版邀我出書時，我起先有些遲疑，擔心我在《壹週刊》的人物報導文章，是否過了那個當下，就過了時。後來想到二〇一一年我採訪林青霞時，在電影資料館讀了大量上個世紀七〇年代的雜誌後發現，讀舊雜誌給人一種自己能預知未來的錯覺，你知道這些人後來的發展，但當時置身其中的人不知，你簡直可以與當時的他們對話，這是非常有趣的經驗。想到此事，也就不再煩惱，雖然我寫的人物可能沒有七〇年代影劇雜誌生猛勁爆，不過我最近整理這些文章時，仍常有那樣的感受，不同年份採訪的不同人之間，甚至還可以彼此呼應。

這些從「非常人語」專欄中選出的三十一篇人物訪談，大部分都對當時的我有某種程度的啟發，或無意中映現了當時社會的氛圍，現在經過了時間與距離再看，意義又複雜一些。我依時間由近而遠排列，希望讀來有一種時光回溯之感。

媒體人兼作家陳浩幫我寫序前，提出幾個問題問我，他的問題直指核心，幫助我釐清了採訪生涯中糾結的線頭。以下是我們的對談：

1. 你為什麼會選擇寫人物訪問？除了外在的原因，還有你自己的理由？

二〇〇一年初，網路泡沫消退，創刊剛滿一年的網路媒體《明日報》突然宣布結束，三分之二的員工被通知的同時，也收到一封信，告知我們可以領資遣費離開，或者去剛開始籌備的《壹週刊》。我一時無事，選了後者，只是我原先負責「閱讀版」，實在不知去這樣的媒體能做什麼。總編輯裴偉特別設了一個「文化組」容納我們，籌備期我感到難以融入，決定離開。那時裴偉說，老闆黎智英交代要比照香港《壹週刊》，在A本成立人物組，不如你就負責這組吧（後來A本又增加了財經人物組，B本也另設一人物組專訪演藝界一線人物，這都不歸我管）。我答應了。我其實內向，時常沉浸於小說、電影中，對人一直很有興趣，寫人物可以躲在記者的身份背後，安全地接觸、觀察各種人，而且受訪者通常都有點緊張、注意自己的形象，就不會注意我了。

黎智英設人物組的概念很吸引我，他覺得媒體上的人物專訪，都理所當然由各線的記者負責，這樣的結果是，線上記者為了維持人脈關係，不敢得罪人，寫出來的人物不會好看，更不可能有火花。「人物組」與任何線都沒有直接關係，記者就沒有後顧之憂，而且沒有線上記者既定的看法與偏見，反而能用全新眼光看待每一個受訪者。黎智英不怕得罪廣告主，他認為只要讀者喜歡這本雜誌，廣告主就不得不來買廣告。這一點後來獲得證實。

在這之前，我一直在出版線，接觸的都是作家和出版社，這圈子很小，採訪作家、寫出版觀察，記者總覺得自己矮作家一截，而且工具性質甚強，我要努力讓自己看起來不像一個工具，結果是採訪者與受訪者都有些裝模作樣。在《壹週刊》寫人物就沒有這種煩惱（但有其他煩惱），而且也因為不怕得罪人，反而要求自己更多，發想問題、蒐集材料、安排側訪都更用心，否則對受訪者不公平。

人物組沒有設限，可以採訪各領域的大人物小人物。大人物放在「非常人語」，小人物則做「坦白講」。我因此有機會採訪到黃任中、陳啟禮、阿基師、李安、蔡英文、李登輝、馬英九這些我過去不可能接觸的人。後來我聽說《明日報》時期的一位高層不無感嘆地說我去了《壹週刊》，還得去採訪黃任中這樣的人，言下之意是報社結束，我們這些不食人間煙火的人，也被迫「下海」了。殊不知，我真是如魚得水，大開眼界。

2. 對我而言，寫人物專訪很難，你覺得難嗎？有難的地方嗎？

在《壹週刊》人物組工作，有一項比負責偷拍的別組同事還要難的難題，就是，偷拍不需要受訪者同意，我們卻一定要得到同意。創刊的前幾年，我們最困難的就是約人，自認是名門正派或是討厭壹傳媒的人，怎樣都不肯答應，即使答應，說話也多所保留。我們乾脆轉而採訪一些更有趣的人，他們或有爭議，卻也比較容易答應受訪，大概是因為已經無可損失，他們通常展現出來的性格特質也更豐富多彩。後來我們漸漸做出一點成果，約人就比較容易了。這中間也要感謝雲門舞集林懷民先生，他幾次在媒體訪問中，特別幫我們人物組說話，還要求對方一定要寫出來。

人只要約得成，後面的就比較好辦。對我來說，難的是，要怎樣寫得立體、不扁平、見人所未見。我們不在意受訪者怎麼想，我們在意的是讀者，這不只是為了賣雜誌，而是讀者很聰明，一看便知這是不是討好受訪者的公關稿。

因此，如果出刊後受訪者稱讚我寫得好，我會有點難受，反省自己是不是太討好，太合對方的意、太沒有觀察力與判斷力，只寫他／她想展現的那一面？大部分的受訪者都沒有回應，那麼我就像剛做了賊似的，當作什麼事都沒發生。這種心理波動要經過一段時間才會平復。當然，也曾有人去黎智英面前告狀，說我扭曲他（例如魏京生），黎智英會讓我知道此事，但他一向支持我們，除非我們在專業上犯了錯。黎智英的好處是，他不會因為你寫了他的朋友不好就罵你或處罰你，反而常說，「你不要幫人擦鞋」，就是說你不要寫這種公關稿討好別人。我幾次專訪黎智英，有時寫到他可能看了不會太舒服的事，他也會忍耐。像我這種長著反骨的人，很適合做這工作。

當然，有時他也會批評我寫得太溫和沒有火花。

3. 我覺得要進入別人的內心很難，你覺得需要進去嗎？怎麼進去？怎麼出來？

我覺得，要把一個人寫好，要能達到愛上那人的程度，唯有「愛」他／她，才會一心一意都在那人身上，但這又絕對不是愛情，而是一種人類比較少用到的感情，它是介於你喜歡上一個作家的小說（或是一個歌手的歌、一個導演的電影……）以及父母對待子女這兩者之間的一種感情，你既希望愛他／她的一切，又決不想要溺愛他／她。

在這段全心全意投入的採訪與寫稿時期，你朝思暮想著這個人，見到他／她時你熱情如火，回家後跟朋友家人喋喋不休討論這個人，你把所有讀過看過的小說、電影中的人物與情境，以及自己與朋友家人的成長經驗，都拿出來對照……，日思夜想就是想把這個人解讀得更深一點。

這種情感的程度與力道，必須與愛情相同，但又不可能有任何曖昧，一旦曖昧，寫東西就不客觀，會觸犯專業。這種情況比較像是熱情的油遇到了水，界線非常明確。而你雖然投入這樣多的感情，寫的時候又要保持距離，冷淡一些，才能平衡。

當然以上都是理想的狀況，常常我野心太大，投入過了頭，或者力有未逮，就會寫不好，我會很沮喪，出刊後連看都不敢看。我幾乎不寄雜誌給受訪者，因為這會讓我覺得自己寫不好還沾沾自喜，所以乾脆當作沒有這回事。我對自己寫的人物從來都沒有信心。

我們真正無情的時刻，是稿子一旦見刊，這種感情就迅速褪去，你幾乎看得到自己在向逐漸遠去的他／她揮手再見。

4.「怎麼出來」的意思深一層說，是訪問的距離與寫作的距離，你會喜歡或討厭你的訪問對象嗎？即使沒到喜歡或討厭的地步，總有溫度的問題，你總是熱或總是冷？

受訪對象通常是我自己從當時的社會環境中發生了好事壞事的名人之中選的，所以既受情境影響，我自己好奇心也強，當然有很大的熱情，不論他／她是怎樣的人，形象好、形象不好，我都如前所說，簡直是「愛」上他／她了，只是，一旦交了稿，這種感情就消失了。

有極少數的受訪對象後來成了朋友，或是偶爾在某些場合遇見，他們一開始會對我有期待，以為我還會像過去那樣對他／她有那樣飽滿的感情，會有好多話問他／她，對他／她還是那麼好奇。但這完全是誤解，因為那時我已經變回原來的我，可能正「愛」著別人，於是現在的我對他們來說，就變得很無趣。這一點，我是幾次看到這種期待與失望的眼神後領悟到的（當然也可能是我自己想太多），這大概是記者的宿命。

5. 你做訪問或寫作有SOP嗎？比如說，找幾個他的朋友，找幾個他的敵人之類。寫作時的原則是什麼？

一開始，黎智英就要求我們，寫人物一定要長時間的與對方多次相處，至少要見面長談兩三次以上，要跟著對方去做很多事，還要採訪他／她的家人、好友、敵人、同事、前同事等等。他認為人只要相處久了，就會有感情，也就是放下戒心，這時好的東西就會出來。

這些基本要求，我們都盡量做了。做這些側訪其實不容易，你找到他的敵人，敵人常常因為不信任《壹週刊》，或者討厭他，或是想表現自己的大度而不願受訪，有時還會通知對方說我們去找他，使受訪者對我們產生疑慮。受訪者的家人好友則只說好話，又遮遮掩掩，怕我們其實是想爆料……，所以我們常常是把許多力氣花在與這些人的搏鬥上，不過也很有趣，可以觀察人性。

後來我就養成一個習慣，就像美國黑人走在路上隨時要有高舉雙手作出投降姿勢的準備，我每做各種大小採訪側訪，都要先做一個小演講，說明我們人物組不負責偷拍，「我們是做明的不是做暗的」，想辦法卸除對方戒心。

有些見過世面、理解人性的受訪者，就沒有這方面的問題，他們既然接受採訪，會儘量掏出自己內心最深層甚至黑暗的東西，只怕掏得不夠徹底，這些人往往是真正優秀的創作者（例如某些作家、導演、藝術家），在這過程裡，我會深深地被感動，讓這些東西變成我自己生命的一部份。寫出來之後，如果也能讓一些讀者感動，那就是做為一個採訪者最大的快樂與成就。

寫作時的原則。我是小說愛好者，一開始就很自然採取了接近小說的敘述口吻，就是先找到一個敘述語調，然後才開始說故事，把採訪材料和觀察編織進去。這樣寫出來的東西，會與一般的新聞報導不太一樣，文字也比較有溫度。當然，以上所說都是最理想的狀況，我時常沒能做好，或因截稿時間在即而虎頭蛇尾。

另外還有視角的問題。一般人看到小人物，雖然不見得一定視之卑微，但看到有權有勢的大人物時，通常都特別景仰。我總是要求自己和同事，如果做不到眾生平等，那就用仰角看小人物，用俯角看大人物吧，這樣一定能看到不一樣的東西。

我後來讀到《紐約客》裡的人物與其他報導，他們的記者當然非常優秀，文章常會很自然地引述文學作品（絕非掉書袋），你就知道，他們的閱讀非常廣泛，尤其一定熱愛文學。後來我們人物組找記者，最低標準就是要喜歡閱讀。大量閱讀能增加想像力，想像力對於問題的發想以及追問問題的能力，都是非常重要的。

十多年來，我最驕傲的不是自己寫的東西，而是我曾與幾位優秀的記者共事，他們比我聰明，文字比我好，又（不得不）聽我的意見，我很感謝他們。

6. 你讀其他人的訪問嗎？喜歡讀誰？法拉奇？芭芭拉·華特絲？

我甚少讀其他人的訪問，因為自己做的已經夠煩擾自己了，有空多半讀小說、看電影。偶爾讀《紐約客》，裡面有些不見得只是人物專訪而已，而是對某些社會事件的深入採訪，表面上的主角是那個殺人兇手，背後真正的主角是美國社會。記者抽絲剝繭，做了大量採訪，就為了把殺人兇手的（社會）圖像建立起來，寫出來的東西非常精彩。他們有很好的資源與專業能力做到這樣的程度，我非常羨慕，後來還設立一個欄目叫做「後來怎麼了」，就是過去台灣發生的重大社會事件，多年後，我們再去追蹤調查，看看那些當事人後來怎麼了。這一點我也受日本作家宮部美幸的影響，希望能從一些社會事件看到台灣社會或者說人性更細微的面向。

宮部美幸是一個直視黑暗時，眼睛眨也不眨的寫作者，我印象最深的是《模仿犯》，她對於人（青少年）為什麼殺人特別有興趣，把一條條的線頭仔細梳理，細膩解讀。其實這樣的事件在台灣社會也時常發生，我常覺得社會線記者應該要熟讀宮部美幸。我在中國時報「開卷週報」當記者時，一度想轉到社會組，想像自己在做了綿密的調查後，把社會事件重新詮釋，提出更細緻的觀點，只是我沒有真正去嘗試。

7. 你喜歡讀什麼書？小說？傳記？歷史？磚頭書？

我喜歡讀小說和詩，喜歡故事和詩意。有些人類學和哲學書如果寫得有趣，也會讀一點，也讀史景遷這種以小說筆法寫的歷史。小時候我曾大量讀《讀者文摘》裡的笑話，這影響我很深，當時不懂得笑話背後那種更複雜深沉的力量，後來在伍迪艾倫的電影裡看到這樣的東西，就懂了。伍迪艾倫說，悲劇經過了時間，就成了喜劇，這也影響我很大，我後來離開《壹週刊》去寫劇本，其實是比較傾向走黑色喜劇路線的。

8. 你讀電影也愛看電影，哪些導演或哪些戲你喜歡？為什麼？演員呢？電影與寫作，影像與文字，於你有何關係影響？

我喜歡朴贊郁、伍迪艾倫、柯恩兄弟、阿莫多瓦、王家衛、李滄東等等，前幾位都走黑色幽默路線，但我也喜歡李滄東、王家衛這樣表面更溫和一點的導演。總之，我喜歡意外、聰明、翻轉的東西，也不怕看到人性黑暗。演員我倒沒那麼注意，能說特別喜歡的大概只有韓國演員宋康昊。他自然、無害又聰明，我最喜歡他在《密陽》裡的表演，演員表現得好，通常是好導演的功勞。

我是九〇年代最後一批台灣電影新浪潮影響下出國讀電影的人。回來之後逢台灣電影最低潮，怕吃苦就沒進電影圈。我喜歡文字、對人好奇，所以做了記者，但常常覺得自己做記者只是暫時，以後還要「回到」電影。

也因為是學電影出身，我寫稿時很自然地要描述我所見所想的影像。我總是避免做抽象的文字描述，因為這並非我所擅長，我也怕抽象描述會影響我日後從事電影工作的能力。除了引述話語，我傾向只描寫人物表面的行為，最多做一些譬喻以增加閱讀趣味，其他的應該留給讀者自己想像。

9. 請你談談後來的劇本寫作？

我對於自己一直未能從事電影工作感到焦慮，二〇〇九年公共電視打算拍電影規格的電視劇，我被邀請試寫劇本，他們有興趣，便邀請蔡明亮執導。那段時期我在上班採訪寫稿之外，把所有剩餘的時間都用來修改劇本。我和蔡明亮討論修改出六、七個版本，後來公視資金凍結，蔡明亮把劇本買去，與副導演改成拍攝劇本，再拍成電影。這中間是一個漫長的過程，一個劇本從發想到找到資金拍成電影，平均五年，大部分的劇本都半途夭折。二〇一三年，這部電影《郊遊》得了大獎，我也與有榮焉。我很幸運，第一次寫劇本就遇到厲害的導演。

不知這是幸或不幸，我就一心想往電影發展，當編劇是一個可能比較容易的起步，二〇一四年底我決定離開《壹週刊》，投入這個未知的未來。我寫電影也寫電視劇，不過目前因作品不多尚無法討論。倒是編劇和小說家在性格上一定頗有差異。小說家的自我應該比編劇大很多，也比較有尊嚴，寫劇本要配合導演一改再改，拍出來之後，光芒也多半在導演一人身上。不過當我寫出自己也很喜歡的故事情節時，那種快樂雖然很快又被寂寞與不安淹沒，卻不會忘記。

10. 你很神秘，也許是讀你的臉書得到的印象。你很像非常保護自己的隱私，是因為在《壹週刊》工作的原因？還是你的本能？

我一直無法很自然地在臉書上袒露自己的生活與內心，在《壹週刊》工作多年，也的確影響了我的個性。《壹週刊》人人害怕，就像前面所說的，我們走出去都要準備隨時高舉雙手表示無辜無害。這是我們要付的代價，雖然我覺得我在這裡所經歷的一切也無比珍貴。

人算不如天算

黎智英

比黎智英大七歲的哥哥曾說過一個故事。一九五八年中國大煉鋼鐵，要求百姓把家裡所有的鐵製品都上繳。黎智英那時才小學三年級，動員同學把家中鐵窗和四樓天井的防盜鐵架全拆了帶到學校。哥哥認為，他想把事情做成功的心理很強烈。

黎智英二〇〇〇年帶了兩個員工，從香港來台灣，要創辦台灣在地的《壹週刊》。翌年創刊後，果然風風雨雨爭議不斷。〇三年他又創辦《蘋果日報》，這使他立刻成為台灣最具影響力的媒體老闆。如此十年過去，二〇一二年十月他因「壹電視」上架受阻，耗盡心力，最後決定以一百七十五億元賣給旺旺集團蔡衍明、中信集團辜仲諒、台塑集團王文淵。交易卻在最後關頭破局。原先已經向台灣熱烈道別的黎智英，只好又回來上班。這篇專訪便是那時做的。

黎智英是我過去十四年的老闆。採訪自己的老闆不容易，不是得罪老闆就是得罪讀者，最可能是把兩者都得罪了。十二年來我共四次專訪黎智英，我選了最後一篇和第一篇，兩次相隔十一年。

壹傳媒交易案去年十月才剛宣布，辦公室大樓牆上原本掛著的黃永玉、丁雄泉的畫就不見了，剩下一堵一堵光禿禿的牆，好像剛剛發生了搶案。

接下來的幾個月，雖然鬧了幾次抗議事件，但所有的人不論是否願意，都做好了心理準備，腦中也描繪了一幅未來的圖像：辜仲諒可能認為終於擁有自己的事業與影響力；王文淵可能認為台塑集團的負面新聞從此將受到控制；蔡衍明則以為自己在中國政府面前將會更有份量；馬英九政府應該大大鬆了一口氣；討厭壹傳媒的讀者也開心未來耳根將清淨不少；其他媒體也許感到競爭壓力變小；壹傳媒的員工則以為自己將發一筆程度不一的小財（獎金、分紅等）……。

未料鬧了半年，三月二十七日交易案宣告破局，所有的想像都破滅了，一切又回到原點。

黎智英是第一個重新振奮起來的。他召集了《壹週刊》、《蘋果日報》幾位主管到他陽明山的家中午餐，熱烈地跟大家握手，好像這些人剛在海上歷劫，而他正在岸上焦急又熱切地迎接大家歸來。接著他又雄才大略地宣布了他未來的新方針（這兩個平面媒體要轉型，要全面數位化，要發展「動新聞」，才有生路），一時之間，眾人幾乎忘了幾天前他才差點把大家賣掉，而且最大買主是旺旺集團蔡衍明的事。

宣布完，面對現實，他尷尬笑著：「以後不賣了，這樣對員工、對讀者都不公平。」半年不見，我們中間只有一次看到香港《東方日報》偷拍他去某診所扎舌針，據說那醫生精通治療失智症，消息傳回台灣，有人猜測，他是因為得了失智症，自知無力經營才賣掉台灣壹傳媒。

我們此時在他香港半山上的家裡採訪他，問他當時想像自己拿了一百七十五億，準備做何打算？他不理會我的譏諷，認真地說：「先休息一下，還是要繼續做事業。但我也不想讓自己太忙，我還有其他事業像是動畫也還在做，香港的《蘋果日報》和《壹週刊》，也在準備數位化。以前我最大的麻煩是離開我家，離開我老婆，這是一種很抽離、很空虛的感覺，以後不需要這樣了，我也鬆了一口氣，電視搞得我要死，我對台灣也有點心灰意冷。」

「但賣了我又想，他們要搞也不會真的把這個事業搞得很好，也不懂得怎樣轉型，所以到最後，賣不掉，也是天理。」意思是賣成了我們就慘了，就倒了？他無辜地說：「我就恐怕會這樣。我覺得他們拿在手上，可能是個負擔，因為平面媒體還是要轉型，你不能十年之後還是同樣的雜誌。不是報紙雜誌沒有了，而是會慢慢萎縮，但萎縮的是紙，不是做新聞的機構，轉型才是最大的考驗。」

「他們是做大生意的人，對於一些比較細節的東西，要重新去學，不容易啊。而且媒體需要你投入，不只投入你的精神，還要投入你的面子、你的人，你得罪人，可以忍受嗎？你得罪朋友，可以忍受嗎？有些同事對某些黨派比較支持，有些比較不支持，你可以平衡嗎？這也是做媒體需要的一些技巧，他們做大生意的人也不會一下子就有這樣操縱的能力。」

交易案進行時，員工群情激憤，很大原因是由於蔡衍明之前正在進行的系統業者中嘉公司的併購案，而中嘉公司一直不肯讓壹電視上架，據說正是蔡衍明的要求。壹電視因此不堪虧損，而導致後來的壹傳媒打包出售。而蔡衍明一向討好中國政府的態度也讓人產生很大的疑慮。

那時《蘋果日報》組成工會激烈抗議，許多學生和社運團體也出來抗議媒體壟斷。那時聽說你很不高興？黎智英語塞了一兩秒，立刻說：「電視不能上架，你又不讓我賣，那你要我怎樣？你說賣了會沒有新聞自由，但你為什麼不去抗議那些不給我上架的人？NCC不給我牌照你怎麼不去抗議？我死路一條，你還叫我不能退，這不公道啊！」

你這次回來，對工會有什麼樣的想法？他語調轉為感性，「我覺得他們很友善，不是問題。我們做媒體的，假如對員工不好，是做不成的。晚上所有的員工走了以後，其實我們的傳媒是不存在的。工廠還有機器，我們什麼都沒有。」

以他如此思慮敏捷、通曉人性，即使並非專業，至此，我們都可以判斷他並沒有罹患失智症。談及此，他說失智的說法是對手抹黑，「扎舌針對睡覺很好的，而且醫生說我的腦部血管比較細，有時會頭昏，現在刺激刺激神經，對供血比較好。」

這半年來黎智英也沒有真正閒著，他仍在積極把他香港的報紙和雜誌數位化，重回台灣，正好直接用上。他六、七年前開始投資做動新聞，便是在網站上，把文字內容影像化，並以動畫來補充畫面的不足。當時在社會上引起爭議，擔心羶色腥的內容一旦以動畫呈現，便將毫無限制。那時聘用的行政總裁金溥聰也因此求去。

然而動新聞在台港實施了幾年，結果卻是頗受歡迎，「剛開始我們做得不夠好，不像現在那麼懂得表達，對讀者也不夠敏感，現在比較小心一點，只是換個方式呈現，但新聞的真實性沒有改變。」

而在每則動新聞上，配上數秒鐘的廣告，則是獲利模式，目前香港《蘋果日報》網站每天的廣告下載次數是二百八十萬，每天上蘋果網站看新聞的人數大約是六十到六十五萬，「我們超過一千一百萬的 page view（網頁瀏覽量），有時到三千萬啊。

我相信我們現在把即時新聞也做成動新聞，很快就會到三千萬。早上你到捷運，很多人戴著耳機在看動新聞，你可以說這個不流行、是做錯了嗎？」

他認為報紙走向數位化，是跨過電視，直接走到手機、平板電腦這些行動裝置的市場，「這些才是將來最大的媒體。」這是你創辦壹電視這幾年同時發生的事，你本來認為未來在電視？「沒有，我以為是網路，我投資做動新聞時，還沒有iPhone，那時我想的是網路，但一有了iPhone，我知道這個是將來，這使得動新聞更大。現在你在YouTube上可以看到五秒、十秒的廣告，你知道這個市場已經開始發展得很大了，五秒你可以收一塊、一塊二台幣，這個市場有了錢，裡面的內容、需求就大了，內容供應品質也會愈來愈好。」

那你現在要把電視賣給辜仲諒（按：後來辜仲諒因為條件不符，沒買成壹電視，黎智英最後賣給練台生），他怎麼辦？黎智英說：「他買就可以上架啊，馬上不用虧錢了。」但沒有你做，能成功嗎？他很謹慎：「電視不一定，因為我從來沒有機會發揮，而且我也不太懂電視，但請的都是很好的人。」

在這次交易案中，許多人批評黎智英把媒體當成商品買賣。他說，「經過這次事情以後，我們也知道社會很大方面是接受我們的，以前我沒要走的時候，每個人都說我這個那個的，但我說要走，很多人又說從此台灣沒有新聞自由。你就覺得，他們需要的不是一個媒體，而是對這個媒體的承擔，所以我們要重新把這個媒體做成一個真的很獨立、不受廠商或政治影響的媒體。」這次回來，他也要求管理階層不要與政界或廠商接觸，他自己也不再跟政治人物吃飯。

在香港，黎智英這些年一直積極推動民主運動。兩年前維基解密公布資料，說過去七年他共捐了六千萬港幣（約合台幣二億四千萬元）給民主派。他又與陳日君、李柱銘、陳方安生被稱為「港版四人幫」。由於中國政府承諾的一國兩制早已跳票，箝制愈來愈緊，香港人也有警覺，今年一月香港大學法律系教授戴耀廷提出「佔領中環行動」，七月將發起行動，爭取香港特首普選。

黎智英立刻寫了文章響應，甚至還有坐牢的打算，「有參與就有坐牢的可能。現在中共看起來不會給我們真的民主，我們要跟他攤牌了，做為香港市民，我也覺得我的良知不容許我置於度外。我們盡了所有的力氣爭取，走到盡頭也要再走。」坐牢沒有好吃的東西受得了嗎？「做人願意付出也是一種福氣。」應該不會把你關太久吧？「坐牢把我們關一、兩個禮拜放出來，我們就去燒區旗，再讓他捉，捉到最後有民主為止啊。」

黎智英回來了，兩年前本刊創刊十周年，他說，「這十年好像發了一場夢。」這次交易案失敗，就像夢到自己醒了，但其實沒醒。辦公室的牆壁現在仍是光禿禿的，但久了我們也好像不太確定原先那裡掛著什麼，或者其實從來沒掛過什麼。經過此事，我們知道許多事情是錢買不到的，譬如牆上的空白。如果沒掛畫，就把它當成鏡子吧。

2013.4

不敢多情

黎智英

黎智英在香港九龍和台灣陽明山上各有一個家，兩幢房子結構相似：兩層樓房、私人游泳池、翠綠滋潤的院子……。不同的是，香港家的院子多了個近三公尺高的大鳥籠，裡面有二十多隻鳥，有的在唱歌有的在說話。

一年前，黎智英帶了妻兒暫別香港的家，到台灣辦《壹週刊》，像投下一枚炸彈。一年後的此時，第二枚炸彈《蘋果日報》，正自空中緩緩而降。

這個投炸彈的人也是我們的老闆，我們採訪他時，他坐在香港家中的院子裡，喝茶聽鳥叫，說到興起，索性鞋也脫了，赤著腳在桌下晃蕩。其中一隻鳥兒像個沒耐性的主人，上一秒才說：「Hello! Hello!」下一秒又說：「Bye-bye! Bye-bye!」餓了會大喊女傭的名字，黎智英七歲的兒子「肥仔」接近時，牠立刻大叫：「救命啊！」

他正說到：「香港像一條一天天沉下去的船。以前它的獨特性是世界矚目的，因為台灣和大陸都不開放，它是唯一開放的。但是它現在走錯了，也不再被中國領導階層重視，對中國的影響愈來愈小。」對台灣的看法是：「陳水扁當了總統才真正民主。以後中國要受最大的影響是政治的，台灣的角色就重要了。」

「很多人擔心三通以後大陸會把台灣吞掉，怎麼會呢？台灣有今天的成長不是靠它大，而是靠它的品質和創意，還有整個社會累積的科技能力、教育水準，這個好處是大陸沒有的，是可以影響中國的。」黎智英主導的香港壹傳媒集團，九九年上市，對香港失去信心後，他積極尋求更大的發展，在眾人皆不看好台灣的時候，他看到台灣的希望，「所以我就離家出走了。」

黎智英身高體肥，香港人叫他「肥佬黎」，愛吃美食又不得不節食，每天練氣功，「我現在兩百一十五磅，要減啦！」他單眼皮，眼神銳利，好像沒什麼事情可以從這裡逃過。但笑起來又憨態可掬，講到該減肥，還有一絲羞赧。

幾年前他在山上有棟更大的房子，一天晚上遭人打劫，「歹徒進了我房間，我就跟他打，故意打得很大聲，希望我太太聽見可以帶小孩走，結果打到一半，他說我把你家人都綁起來了，我說你為什麼不早說？」那次他打得頭都破了，後來把房子賣了，再住就選鄰居近一點的房子。

黎智英生於一九四八年十二月，一個生下來便準備接受磨難的時刻，十個月後中共建國。父親原在廣西做貿易，黎智英母親是二太太。四九年中國「解放」，他家被歸為黑五類，父親到了香港，母親獨自撫養兒女，黎智英還有個雙胞胎妹妹。那時他哥哥在外地參加體育隊，姊姊智能不足，母親勞改，他只好負起責任，「在外面憑本能找東西吃、找錢。」

他很早便嶄露了做生意的天分，他先在戲院門口賣香菸，別人賣兩毛，他賣一毛八五，「賣便宜一點一定賣得完，這樣晚上就有飯吃了。」大人趕他走，有個女人看他個子大，勸他去車站幫人提行李賺小費。

「我在車站看到許多從香港澳門來的人，穿得這麼好、這麼有禮貌，我給他們背行李，裡面常常有食物的香味，聞了感到肚子餓——那時候常常肚子餓，我就開始知道外面有個不同的世界。」

他十二歲從澳門坐船偷渡到香港，投靠開手套工廠的父親，但此時父親性情已變，對他嚴厲苛刻，不久他便離開，在街上求生。

「我十幾歲去個朋友家吃飯，他在我面前打他老婆，逼她去賣淫，他老婆剛懷孕，不想去，他在我面前脫光她衣服踢她，想把小孩踢下來。」那個晚上黎智英想：「這個世界我一定要離開。」那時他交往的就是這些人。

黎智英給我們看他的一本素描本，上面是他用英文寫的一些辦報紙的想法和塗鴉。他用英文思考，寫專欄文章時，常要靠桌上的英漢字典。他字如其人，本子上的鉛筆字得用放小鏡來看。

我們常被人問到他在《壹週刊》的專欄是不是他自己寫的。「當然我自己寫啊！」

有人問他很高興，表示有人看。他立刻把草稿給我們看。但得靠人改，「不改不行啊，主要是改錯字，我標點符號亂來的，有時寫得像講話一樣。」

縱使在最艱難的時候，黎智英還是沒放棄讀書，香港初期他睡在工廠的工作檯上，自己買英文教材，請教懂英文的管倉庫老人。他很努力，「我二十歲不到就做了經理，因為年紀小，又沒學歷沒背景，很多人不服氣，連祕書都瞧不起我。」

後來他去美國工作，交了個猶太人朋友，他跟黎智英說：「你生意做得很好，但你真要有成就的感覺，一定要讀書。沒有知識，你一生都不會對自己滿意的。」一九七六年的某個晚上，一個退休的猶太人律師給了他一本海耶克的《到奴役之路》，他後來常說這本書改變了他一生。他開始自己找書讀，到現在仍然每天要花很多時間讀書。

「追求知識在我一生中是永遠存在的，因為我沒受正統教育的自卑感永遠是個包袱，直到現在還會有。再回頭看，我是個自愛的人，很看得起自己，我不跟做生意的人在一起，喜歡跟藝術家、廚師、寫文章的人交往。我比較功利，跟他們在一起可以學東西。這使得我朋友比較少。」

一九八一年黎智英創辦休閒服飾品牌佐丹奴時，才三十三歲，後來第一任妻子離開他，他撫養三個兒女。八九年他認識現在的妻子李韻琴，李韻琴留學法國，回港後在《南華早報》做記者。九〇年《壹週刊》在香港成立。

《壹週刊》有別於其他媒體的作法，例如狗仔隊跟蹤偷拍等等，其實是創刊時的高層主管學國外狗仔隊的採訪方式，黎智英說：「原先是因為娛樂界把媒體當傳聲筒，我們要拿出證據，就開始用這種方法。」

此外，每週舉辦讀者會（Focus Group），抽樣邀請購買雜誌的讀者，講出他們對每篇報導的好惡原因，做為編輯方針的參考。這種市場取向的作法，也是黎智英做服飾業時的概念。

「媒體很難做，要像我這樣無情無義的人才可以做。」這些年來，黎智英旗下的媒體幾次揭發他名人朋友的醜聞，黎智英都不干涉。廣告主以抽掉億元港幣的廣告威脅，他也寧可損失，他的想法是：「只要讀者支持，廣告不敢不來。」

九四年他在《壹週刊》上發表一篇「給王八蛋李鵬的公開信」，引起軒然大波，當時佐丹奴在北京正全力擴展，這封信得罪了中國政府，他被迫把佐丹奴股權全部釋出。

如今問他會否覺得那封信在某種程度上改變了他的命運，他斬釘截鐵地說：「沒有。我走的路不會因為這封信改變，最多只會使我不能回到大陸。」「當初就是衝動啊，也沒想在大陸做生意會有什麼後果，我從來不怕的。」

雖說如此，他第二年就辦了《蘋果日報》。我們找到一張照片，他在《蘋果日報》創刊廣告裡遭萬箭穿身，仍氣定神閒地大啖一顆蘋果。

這多少是他的人生寫照。「我本來沒想過要辦報紙，九四、九五年我看到很多媒體都開始 self-censorship（自我檢查），我才覺得有機會了，人家怕，我不怕，我就一定會成功。」辦媒體這十幾年來，他得罪了許多人，「有一次我去參加朋友的葬禮，很多大人物都去了，我一坐下來，前後左右的人都走開了。」

「如果朋友對我這麼重要、外面對我的評價這麼重要，我就不會做媒體了。我不能說某某是我的朋友，我的媒體就不能報導。」

黎智英這一點看法與許多媒體老闆不同。一位在香港壹傳媒工作多年的記者就說：「在《壹週刊》壓力非常大，我每年都想離開，不過一來因為外面找不到條件更好的工作，二來，也因為黎智英不但不需要我們做關係，而且還很反對，單是這一點，我就選擇繼續做下去。」

壹傳媒付的薪水比一般媒體高，記者表現好，薪水往往三級跳，如果表現不如理想，「明天開始我不想見到你」則是黎智英的名言。與他一同奮鬥的員工，在壹傳媒往往得到豐厚的薪資、紅利、配股，然而許多人最後都帶著高額的報酬含恨離去。

說到跟朋友、員工的關係，黎智英似乎進入某種沉思的狀態，一字一句說得很慢：「我看我這一生最大的問題就是，我比較是個薄情寡義的人。我不敢多情，因為這很沉重、很不自由。我不敢跟人家有很深的交往，除了幾個很特別的朋友。假如朋友離開了，我就沒有了。」

「過去看到人性最醜的一面，之後對其他的事感覺也就很淡了。我從最底層的街頭上來，每個階段停留的時間很短，結交朋友的時間也很短，我沒上過學，沒有人家那種好幾年在一起的經驗，所以跟朋友沒有長久的關係。」

「對於員工，我永遠是先做我該做的，我不是你證明你做得好我才給你，我是先給你，讓你去做好，假如後來做得不好，我不會等你。」

平常經過黎智英辦公室，總是看他一點也不忙地在看書、看雜誌。「我是很孤獨的，我不想跟人家在一起，就是同事也不。你可以說我是感情不重的人，但我不會用感情、義氣、忠誠來做為手段跟員工搞關係。」他說得很慢，「有時候我可能不夠關心，有時候對人又好得太厲害，我在對人的關係上會有這個問題……。」

中午他二十一歲的兒子打電話來約他吃飯。我問他，兒子們對他的事業是否有興趣。

黎智英說：「我大兒子二十五歲在一家小的ＩＴ公司做行銷，剛升主管，工作是自己找的，女兒二十三歲，剛畢業，在美國一家設計工作室做助理，二兒子二十一歲，是香港打籃球打得最好的五個人之一。」

談起兒女他十分溫柔，「看不出他們對我的事業有興趣，就算有，也不能給他們。這對他們不公平，對公司也不公平。我在街頭打了幾十年才打出來，他們是在溫室裡養的，如果把他們放在我已經有成就的地方做為起點，這對他們不公平啊，想害他才這樣做。」

「要就自己去打江山，我很早就跟我兒子說，這世界歧視兩種人：窮人跟有錢人，尤其是有錢人的兒子。你一定不能做有錢人的兒子，給人歧視是很慘的啊！」

自己是名人、有錢人，但即使香港媒體常跟拍他，他也沒傳過緋聞。黎智英說，他並不是因為自己做媒體怕人家報導才不搞緋聞。「我年輕時滾（玩、混之意）得太多了，現在已經沒有興趣了，沒有跟漂亮女人在一起的虛榮。而且我的老婆小孩對我太重要啦，我太太一天不理我，我就很慘哪！」

《壹週刊》在台灣出版以來，報導許多名人緋聞、政府醜聞，引起各種爭議。黎智英說：「我們把李登輝國安基金的事情曝光時，我就說，這是個醜聞，以後還有更多。因為整個台灣是在改革，從舊體制到一個新體制，政府是不會自動去改的，那要用什麼改呢？醜聞。以前以為是理所當然的事，現在成為醜聞，醜聞把每個門打開，門打開才能把以前的垃圾送出來。」

至於名人緋聞，黎智英認為：「我們是媒體，要生存，要滿足讀者。很多名人在媒體裡面只有好的一面，可是不好的一面也應該報導，不能只偏向一邊。這是很自然的媒體發展。」

黎智英幾個月前在台北內湖以新台幣七億多元買下兩棟新大樓，做為《壹週刊》和未來《蘋果日報》的固定基地。《蘋果日報》目前已在籌備中，預定明年四月至六月正式出版。

談到未來的《蘋果日報》，黎智英說：「雜誌不是每個人都買，所以必須引起很大的爭議和趣味性。報紙每天看，不需要像雜誌那麼強烈，但這不表示我們不做醜聞，只是作法可能比較溫和一點。」

「以後大陸開放，不再有黑名單的問題，到時候香港（壹傳媒）去大陸廣州，台灣去上海北京。」這是黎智英對未來去中國的計畫，「但到時候不一定是我去，我無論在香港在台灣多麼成功，但在大陸要成功可能不是我以前成功的方法。我的事業裡可能有其他人更適合去。」

「我年紀大了，最大的好處就是漸漸知道自己的限制，非分之想愈來愈少，比較容易甘心。所以在台灣辦《蘋果日報》可能是我最後一役了。」

「真正能讓我開心的是文章能寫得好，我知道我開始得太晚，根柢不好，但是我很真，這是很多人做不到的。也許做個頂級的廚師也很好，做個頂級的廚師比頂級的有錢人好啊。要是有一天早上醒來發現我文章寫得好了，這就最好了，不過這是發夢啊。」

2002.5

置身事內

釋昭慧

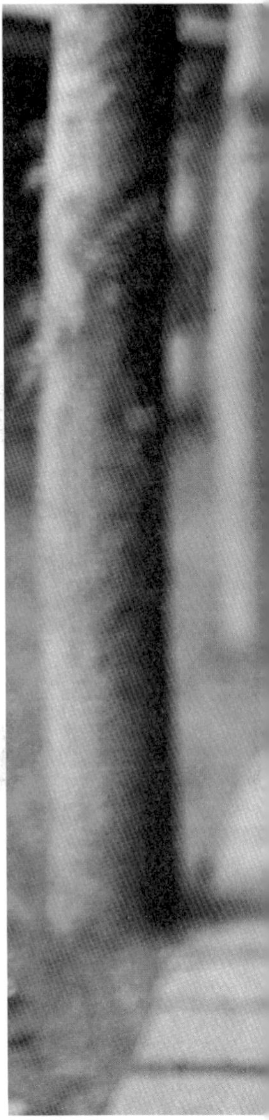

二〇一二年採訪釋昭慧時，她剛為史上第一次女同志佛化婚禮擔任證婚人，同時又忙著阻止澎湖設立賭場。二〇一五年她又為慈濟內湖開發案辯護，引發許多爭議。直到採訪完釋昭慧，我才領悟到「現出惡言非是實也」的意涵。兇悍的人不一定是惡人，反之，我們太常被表面的「溫柔敦厚」和「曖曖內含光」所蒙蔽。就如釋性廣所說的：「有多少人肯單純只是為了別人的不幸和不公義的事情生氣呢？」二十多年來，釋昭慧著書立說的同時，又積極參與各種社會運動，她護教、護生、堅持性別平等，聲望高也好低也罷，她都理直氣壯，不在乎他人眼光，真正做到了「人間是道場」。

小而精緻的弘誓學院，坐落在桃園觀音鄉的田野之間，平時住了二十多位修道的比丘尼，不論發生何事都是靜悄悄的，最大的聲音是夏日的蟬聲與冬天的北風。談到近傍晚，釋昭慧帶我們四處走走，我懷疑那些蟬總有幾千隻，早早埋伏在樹林裡，我們一經過，突然齊聲大鳴，有如禪師的當頭一棒，想叫我們早日悟道，震耳欲聾到我們都笑了。

釋昭慧五十五歲，笑起來露出整齊的牙齒，身材小巧，眼睛大大，面容光潔，乍看有點像卡通裡的一休小和尚。剛剛訪談時，講到她幼年從緬甸舉家遷台，八歲在台北上小學，老師上課問問題，她很愛舉手回答。可能那時的記憶仍然鮮明，她表演趕快舉手的樣子，很像一隻靈活的小猴子，十分有趣。

她笑得很開心：「同學就說我愛現，所以我人緣不好。到了五、六年級，我慢慢學到，在華人社會要曖曖內含光，不可以愛出頭。後來我就社會化到很好，但也不知那是好還是不好。」

恐怕至今她還沒完全社會化，她與人電視對談或辯論，若主持人遲遲不打斷對方冗長的說話，她便抗議。不久前她與社運人士積極推動馬祖反賭博合法化，電視上她與連江縣長楊綏生辯論，楊綏生說她是站在道德和宗教的立場反對，她立刻說：「我抗議！我何時站在宗教和道德立場？我從來都是站在經濟、社會和治安的立場！」她對我們解釋為何她這樣急：「當場不立刻講，就過了。」

釋昭慧是證嚴法師之外，台灣最有名的比丘尼，目前是弘誓學院的指導法師，也是玄奘大學宗教系教授、人文學院院長，從事社會運動則有二十多年歷史。最近她為一對女同志證婚，是佛教史上第一次，登上國際媒體；不久前，一個以藝術為名的男子在火車上對一位比丘尼脫上衣展示肌肉，還自拍貼上臉書，釋昭慧立刻寫文章嘲諷，「這副身軀，實在是該位飽受其性騷擾的比丘尼，拿來修『不淨觀』的好材料。」網路上大量轉貼，鄉民紛紛叫好。

平時上課、做研究已十分忙碌，然而對於關係到佛教與生靈存亡的事件，她仍能既攻且守，對於自己的忙碌她曾說：「很多事情無法置身事外」，這也令人想起她最活躍的一九九〇年代。

那時她做了許多轟轟烈烈的事，包括八九年藝術學院戲劇系演出《思凡》，她強烈抗議劇中對佛教女性的汙衊；九三年她成立「關懷生命協會」，推動「動物保護法」，六年後此法通過；一九九四年台北大安公園的菩薩像遷移事件，她絕食抗議；二〇〇一年她帶領弟子宣布廢除佛教中歧視女性的「八敬法」……。

我們對出家人的印象多來自連續劇，難免會想，出家人這樣「拋頭露面」，對修行豈是好事？釋昭慧說，「我當然要讓自己的言行如理如法，可是那些不必要的想像不要加到我身上，這樣我會『作偽』，就是裝模作樣。」她以楊綏生的辯論為例，「早年面對這種情形，我會想，人家可能覺得這個出家人怎麼這樣？可是後來發現，如果不立刻反駁，時間過了，這個印象就種下去了。我應該把自己放得更空一點，不要介意人家怎麼講，當這一點罣礙都沒有了，我該罵就罵，人家愛誤會就誤會，但觀念當場一交鋒就很清楚。」

她說，所謂「修行」是虛擬的，「不是說，這樣做就是修行，那樣做就不是。修行是修自己的身口意行為，在禪堂裡是修，面對人世也是修，若你有一個佛法的主軸在，你面對每一個人與事，都是在修行。」

她舉例，學院過幾天要辦青年營，負責籌辦的執行長是佛光山來的比丘尼，她要借唯一無人使用的場地開會，這裡的一位比丘尼學生說，「不行，那裡只有昭慧和性廣法師（院長）能用。」執行長很為難。釋昭慧來排解，她對學生說：「你這樣講，讓人家很受傷，原來這裡是有特權的。」被責備的學生眼淚汪汪，另一個（比丘尼）學生就打抱不平，跑去跟執行長講：「在星雲大師和昭慧法師之間，我認同昭慧法師。」

執行長一聽快要崩潰，決定離開。釋昭慧立刻把那位學生找來：「妳這話沒有一點佛法道理，人性就是喜歡二選一，這叫心性陷阱，人家可以既敬愛星雲大師也敬愛我，或者不敬愛我也沒關係，妳為什麼這麼壁壘分明？」

院內有位比丘尼，很疼愛一隻流浪來的秋田犬馬可，牠來時全身疙瘩，毛都禿了，她悉心照顧，直到牠死去。釋昭慧跟學生說，「誰跟誰有緣份這種事不要嫉妒。若馬可投胎為人，他看到這位師父一定非常順眼，要拜她做師父，妳們不要難受，因為她照顧牠一輩子。就像很多人崇拜證嚴法師，人家就是跟她緣很深很敬仰她，妳幹嘛把人逼到牆角問：是證嚴法師好還是我們法師好？」她說，「我常要處理這種雞毛蒜皮的事，但你覺得這不是修行嗎？」

至此我才了解，原來出家人並非每天都清淨澄明、講話緩慢有禪意，原來也與我們一樣有各種煩惱，於是便安心許多。釋昭慧如今已不收徒弟，只收學生，若有人想拜她做師父，她都請對方去拜別人，拜了之後再來住在學院裡，當她的學生。如果一定要拜她做師父也可以，但不可住在學院。「因為她會認為，你是我師父，你當然要對我好一點、我跟其他人不一樣。我不容許這種行為和心態。」她如此小心處理師徒關係，也與自己出家的經驗有關。

她父母是廣東梅縣人，生下釋昭慧大姊後，一九四九年父親逃到緬甸，認識另一女子，生下四個小孩，幾年後父親把釋昭慧母親接到緬甸，釋昭慧五七年在緬甸出生，取名盧瓊昭，下有兩個妹妹。父親在緬甸開酒店賣酒、另有冰棒、餅乾工廠，經濟富裕。後來緬甸排華嚴重，父親是國民黨員，決定舉家遷到台灣，由於外匯管制不能多帶錢，六五年到台灣後，經濟困難，幸好有「救總」幫忙，後來釋昭慧住進救總成立的育幼院三年，直到考上中山女高。

釋昭慧聰明會讀書，又以第一志願考上師大國文系。那時她對未來的想像是：「復興中華文化啊！」她說自己沒談過戀愛，「那時就是國仇家恨，真是神經病哪！」她的政治覺醒，是後來投身社運，常與民進黨合作，才開始的。

大二時朋友介紹她參加佛光山的佛學夏令營，她發現出家人比她想像得好太多，且她受佛教義理吸引，很想將來能弘揚佛法，「可是眼看畢業後要當老師，將來會結婚生子，不可能專心佛法，」她想也許可以走一條沒有家庭羈絆的路。當時板橋一個精舍的師父積極度她，於是大三時，她就出家了。

父親在八個小孩中最疼她，「他一直期待將來要跟我住，可是我竟然讓他心碎。

我其實是有彈性照顧我父親的，可是被我師父剝奪了。他希望我專心照顧道場，他說如果出家了還照顧俗家，我的俗家果報會很慘，所以我自動不敢照顧家人。」父親在她出家四年後病重去世，「我徹底被擊敗，我再也沒機會了。那時我對佛法體會還不深，就很痛恨我師父。」她同時還有病母和精神病的大妹需要照顧，因為其他姊妹都結婚了。但師父仍要她在照顧母妹和留在道場之間二選一，她決定離開師父。

「這也促使我後來去研究戒律，我不相信戒律那麼沒人性。」結果是出家人當然可以照顧父母，後來她一直帶著母親和妹妹在身邊，我們在園子裡參觀時，還遇到她九十幾歲的母親做運動。

我提到後來印順導師讀她文章很欣賞，寫信請她到福嚴佛學院教國文，她的臉色立刻和緩下來，開出一朵柔和的花。印順導師是近代有名的佛教思想家，被稱為「玄奘以來第一人」。他的「人間佛教」精神，深深影響了弟子釋證嚴，以及學生釋昭慧。雖然這兩位著名的比丘尼，個性與做事南轅北轍。

「印順導師很民主，不勉強人跟從自己。他提拔我去福嚴，當然不是希望我成為今天的樣子，他希望我像他一樣靜靜地著書立說，但光是著書立說已經不足以應付這個時代了。」有人在印順面前告狀，說釋昭慧在外面做的事是離經叛道。她便把報導給印順看，「他看了點點頭。我覺得他內心也有某種壯志，只是他那個時代太壓抑，所以他看我這樣做，也沒認為我有多冒犯。」

早年的僧團中，男尊女卑是理所當然，修行再高的比丘尼，見了年輕比丘，還是要頂禮、讓位。這牽動了釋昭慧敏感的神經，她認為佛法明明主張「眾生平等」，於是她開始了教內性別革命。「都是男性走前面，女性走後面。我不介意任何人走我前面，但做為一個運動者，我必須要讓他們知道這樣不對，起碼應該依照先來後到。」多年來，到任何場合，她都先看是不是比丘在比丘尼前面，若有，她便立刻發飆，把大家都嚇一跳。

弘誓學院院長釋性廣是釋昭慧的學生，不久前去美國弘法，在SKYPE視訊時，她告訴釋昭慧，閉幕式上司儀讓兩位較資淺的比丘先致詞，釋昭慧聽了立刻說：「機緣掌握在妳手裡，妳要凸顯她們的荒謬！閉幕式妳不可再緘默！」釋性廣長期受她薰陶，但個性較溫和，閉幕式她仍等兩位比丘發言完，自己上台時，才對司儀說：「某居士啊，我看妳有性別歧視哦。」台下都笑，然後她問：「你們說，應該依照什麼？」台下說：「依戒臘！」戒臘是出家受戒年數。釋昭慧聽了很欣慰，但又聽說吃飯時性廣因為到得晚，比丘已排在她前面，她火又起：「豈有此理！他們是故意的，妳不要讓他們！」性廣法師失笑：「拜託，我只不過是去講課，又不是去打仗！」

釋昭慧講這段時笑得快要流淚，她是在嘲笑自己總是如此緊繃。其實這些年來她明明可以假裝看不見，安享自己靠努力得到的地位，但她仍不顧形象與他人的誤解，強悍地爭得了其他女性可以用較輕鬆方式抗議的可能性。我又提到佛教界偶爾傳出的性醜聞，釋昭慧認為，「當一個群體裡有這麼清晰的性別秩序時，會使得女性自覺卑微，於是當一個權力高的男性對她青睞時，她會覺得自己是受寵的，所以即使這個尼眾自己心甘情願，罪惡還是在那個男性。」

「但我也不覺得女性特別善良，我們經常聽到：『師姊，妳站後面，讓師兄站前面。』講這話的一定是女性。我覺得就是妳們這種卑微和討好，讓妳們獲得妳們要的東西。所以性別秩序是男女共構出來的。」

釋昭慧性子急，講話激動時像是鋼琴版的〈大黃蜂的飛行〉，這與講話有如「開往西方的慢船」的證嚴法師，可說是兩個極端。早年釋昭慧曾公開批判證嚴，認為慈濟從事慈善事業的方式，對台灣社會有負面影響。然而二〇〇三年證嚴因「一灘血事件」被人提告，釋昭慧又跳出來護衛她，兩人自此和解，釋昭慧後來寫文章，說明自己對慈濟想法的改變。

釋昭慧解釋，「我以前對那種超大教堂有質疑，因為從佛陀建立僧團的歷史來看，沒有這樣的例子。但這幾年我想想，那些國際賑災，都是很龐大的，都是鐵的紀律訓練出來的才有可能，像我這麼重視自由的人不可能做到，我就會想我應該更寬容地看這些問題，不要那麼潔癖。」

釋昭慧懂人性，常能切中要害，三年前反對澎湖設賭場公投，她去找證嚴幫忙：「您不干涉政治我知道，但您開示時起碼表達一下對賭場開設的憂心：慈濟人以後救苦救難的項目又更多了。」後來大愛電視到各地做了賭場報導，幫了不少忙。

釋性廣說，初識釋昭慧時，她是山裡讀書的斯文書生，這些年來改變很大，「她生命特質比較傾向西方，很陽剛，對弱勢發起慈悲心時，妳會感覺這個人好善良，可是她發飆時又是咬牙切齒。不過又有多少人肯單純只是為了別人的不幸和不公義的事情生氣呢？」

幾天後，弘誓學院舉辦了史上第一次女同志佛教婚禮。那天我趕稿沒去，新聞照片上釋昭慧穿著喜氣的黃色袈裟，我想到她說她其實更喜歡灰色袈裟，因為較不顯眼。我又想到那天去了那麼多人，樹上那些蟬會不會被嚇得噤聲了？或者仍眾生平等地給了大家當頭棒喝呢？

2012.8

我愛過

林青霞

林青霞的電影生涯跨越一九七〇至九〇年代，她拍過一百部電影，其中五十部是唯美文藝愛情片，在戒嚴的年代，少年男女把對愛情的想像投射在林青霞身上，而林青霞的人生觀和價值觀則建立在瓊瑤電影的劇情上。她的影響力且延伸廣佈：演愛國片如《八百壯士》時，她幫政府成功地激起了人民的愛國情操；演《笑傲江湖之東方不敗》時，則帶起同型電影的風潮。

婚後退隱，林青霞竟開始提筆寫作。電影和結婚都是眾人之事，唯有寫作才是她能完全掌握的，她需要為自己闖出另一條路。她一生被眾人所愛，但在愛情的路上卻跌跌撞撞，如今對於所謂愛，應該又有另一番體會了。

妳是要求完美的性格嗎？一切都要在自己的掌控之內才能放心？這樣的性格對妳的生命有何影響？現在還是這樣嗎？

我會這樣問林青霞，是因為兩年前在台北中山堂看她與龍應台對談時得到的一種印象。那是她結婚退隱十多年後，第一次正式上台與觀眾見面，台下觀眾爆滿，許多是文藝中年，他們過去不見得是林青霞的積極粉絲，但都想一睹風采，因為她的人生，是這個世代的集體記憶。台上的林青霞十分緊張，講話不很流暢，台下感受到了，都友善地回應、鼓勵她。然而後來她仍有些笑容也掩不住的沮喪。

「我就是太要求完美而自苦。並不一定要一切在我的掌控之內，只要幫我做事的人是一流的人才我就很放心。香港新書發佈會，桌、椅、茶几都是我自己打點和自費運輸，結果坐下來對詞的時候，發覺茶几上兩個玻璃杯有點不同，一問之下果然是有一點點不同，我自己都覺得好笑，連這麼小小的差異都被我發現。」

她接著說：「台灣和大陸的發佈會桌、椅、背景和燈光我也是親力親為的參與。總覺得自己盡了全力，即使效果差強人意，也不會感到遺憾。沒有辦法，這種性格是天生的。」她說的發佈會，是今年夏天她出版新書《窗裡窗外》，在台、港、中三地各辦一場座談會。

而她的要求完美、全面掌控，也發揮在這次的採訪上——她只接受書面採訪，不願見面、拍照。因此以上和之後的回答，是透過電子郵件得到的。往好處想，這給人一種古典的感覺，好像看默片上的字幕，每一字都很珍重。然而還是得面對現實：我不但看不到她的表情，也無法根據她的回答再追問，而寫作與演戲之外的問題，她都略過不答。

不過她仍留下蛛絲馬跡，譬如她剛剛說到的「對詞」。我們以為的座談，是臨場根據對方的提問來作答，但她卻用了這個演戲的術語。在網路上看這三場新書座談，她講話比兩年前流暢了，但看久了會有一種奇異之感：她似乎是用演的，而不是自然地談話。因為每當她的對談人（都是她的好友，他們也都相當緊張），不小心提出意外的問題時，她會有點接不下去，但她總能很快地講到別處，這時她就「唱作俱佳」了。

這使她顯得很可愛：既然兩年前那樣行不通，那還不如用自己最有把握的方法，就是「演」一個座談人。先在家裡把想說的話多練習幾遍，這樣就完美了。

演員離開了劇本，沒有安排好的台詞，會覺得不知該如何講話嗎？她答：「在我看來，別的演員都很會表達自己。我離開了劇本，沒有安排好的台詞，是會覺得不知該如何講話。但開始寫作以後，下筆之前總得三思而後寫，經過中、港、台三次演講對談，完全的自我表達，開始有了信心。」

現在的她的確自信多了。五十七歲出新書《窗裡窗外》，新的身分是作家，裡面的文章都是自己字斟句酌並請教名作家之後完成的。婚後她有許多時間讀書，這幾年甚至寫專欄，這都是過去的演員生涯裡想像不到的。

林青霞一九七三年第一部電影《窗外》上映，九四年第一百部電影《東邪西毒》完成，同年與香港富商邢李㷧結婚後退隱。她在信上說：「我沒有選擇寫作，是寫作自然進入了我的生活。」

書中有一段生動的描述：「我的寫作過程不過是換一種形式演戲罷了。現在人都喜歡用電腦寫字，我喜歡一個字一個字地寫在稿紙上，寫不好就把稿紙搓成一團往地上丟，丟得滿地一球一球的，感覺就像以前電影裡的窮作家，很有戲。」

演員生涯二十二年，拍電影幾乎從沒停過。每天收工後，過的是什麼樣的生活？很清楚那個「自我」在哪裡嗎？年紀那麼小就開始拍電影、活在電影的世界裡，後來要再找回那個「自我」，會不會特別困難？我問。

「拍戲那許多年，印象最深刻是每天收工回家累得倒在床上，母親就用厚厚的旁氏雪花膏幫我卸妝，還沒卸完我已經呼呼大睡。在忙碌的電影生涯中真的不清楚『自我』在哪。後來把自己放逐到美國一年半，算是找回了自我。」她答。

很難想像文藝愛情片她可以一拍五十部，其中大部分是瓊瑤電影。拍片最盛時期她同時軋六部戲。可以想像的是，她早期的人生觀與價值觀的基礎，其實是瓊瑤電影裡的台詞。且在那樣的年紀與環境，遇到的無非是愛情。她也因為與已婚的秦漢合作了二十部電影，兩人感情糾葛了二十年。期間她為了逃避這段感情，曾接受他人追求，甚至一度與秦祥林訂婚，四年後仍解除婚約。秦漢最終在一九八五年離婚，兩人正式在一起，但九四年林青霞還是另嫁他人。

「妳與秦漢在合作的二十部電影中，每一次都重新相遇、相愛、被阻撓、終於克服困難在一起。這對任何演員來說幾乎都是不可能的經歷。能否談談這對妳的真實人生有何影響？」我問。

她沉默不答。我又問：「後來你與邢先生結婚，你的很多朋友都不意外，認為當時的你追求的是安定的生活，邢先生能給你安定感。現在你們結婚將近二十年，你對於愛情與安定的看法應該又不同了。能否談談你人生到了這時候，對於愛情是怎樣的看法？」仍是沉默。之後關於父母家人的問題，她仍保持沉默。

網路上有一段九〇年香港無線電視台某節目的錄影，主題是「秦漢林青霞沙發訪談錄」。那年林青霞剛以《滾滾紅塵》獲得金馬獎最佳女主角獎。林秦二人並排坐在沙發上，秦摟著她的肩，沒有主持人，兩人親密而自然地聊天。兩人互相說出第一次注意到對方是何時。接著林因害羞而換個姿勢跪坐在沙發上看著秦講：「我現在可以說了。我（一九八〇年和秦祥林）訂婚前一晚，從三藩市打電話給你說我第二天要訂婚了，我以為你會說：『你為什麼要訂婚？不要訂，我立刻來找你！』哪知道你沒有啊，你沒什麼反應！我說：『我不想訂婚。』你竟然說：『你這個人哪，就是悲劇人物，悲劇人物，就是悲劇人生，悲劇人生，就是悲劇結局。』」

說到這裡她又笑又激動地變成國語：「我一聽，我就想：『雖然我是悲劇，但我就是不要給你說中，我就要變成喜劇給你看。從那時候開始，我回台灣我就笑，其實很不開心，但我就是大笑，笑得很開心，那些不是很清楚我的人，就覺得青霞變得很開心，但明白的人，就覺得青霞心裡不是那麼開心，她的眼神裡有憂愁。』」

秦漢又問她那段時間在美國拍戲的事，她說：「那時我拍戲很投入啊，你知道為什麼？就是因為感情崎嶇啊，感情崎嶇就投入拍戲啊，所以接了很多戲也不覺得辛苦。現在呢，現在我覺得最開心。」秦漢：「現在可以偷懶，不用那麼辛苦了？」林笑：「辛苦了這麼多年，我們也賺了一點錢，是不是？」秦笑：「這也講啊！」林：「以前拍文藝片時我們也不覺得很辛苦。我覺得我好滿意目前的情況，我什麼都有了，戲也拍了很多，什麼都試過，金馬獎也有了。」秦笑：「金馬獎也講出來！」林：「男朋友也很好，所以我也沒什麼要求，喜歡的做一做，不喜歡的就不做，我覺得現在很好，可以輕鬆一下。……最要緊的是為自己而活，不要成天在乎別人說你什麼。」

這段影片點出了兩人的個性：秦漢內向壓抑，林青霞則十分真性情，愛情對她又是多麼重要。幾年後她結婚，眾人都以為她的女兒愛林、言愛以及愛駒「百看不厭」的名字是邢李㷧取的，她在接受日本記者鐵屋彰子採訪（之後出書《永遠的林青霞》）時說，其實都是她取的。

早年港台十分流行的娛樂雜誌《銀色世界》，七〇年代後半，每一本都有林青霞的報導和電影廣告，當時她受歡迎的程度，至今無人能及。在這些報導中，可以看到林青霞出身於觀念保守傳統的軍人家庭，為了不讓她進入電影圈，母親臥病在床三天，後來她答應父母一定會自尊自愛，之後多年也確實是她去哪都有母親陪伴。

林青霞的母親在當時電影圈許多人的眼中，是個特別的母親，因為她不像別的星媽那樣受錢擺佈，她總是擔心林青霞在電影圈待久了嫁不出去，她希望女兒息影去美國讀書，嫁個博士過單純生活，她常說：「家裡不缺錢，她沒賺錢，家裡也一樣過。」

母親事事為她操煩，看女兒跟記者講話講急了，就說：「慢慢講，不要累！這個孩子真讓我操心死了。」「你不要講太多話，你一興奮又要失眠了。這孩子從亞洲影展回來，身體就壞了，她在那裡唱歌，唱得不好，就一直擺在心裡，責備自己，再遇上失眠勞累就發病，發起病來，人事不省，那樣子真嚇人。這次我跟她來香港拍戲，每天晚上給她打針，逼她睡覺。只要青霞身體好，我什麼都不要。」

母親時常幫她安排跟博士相親，一九七八年的林青霞對當時的記者說：「每次我都答應媽媽去見面，見了面我就溜掉去逛街，逛得差不多才回家。回到家，我媽問我怎麼樣，我就說還可以。她會緊張兮兮去探對方，然後就把我罵一頓。到後來我就拜託她不要再這麼累，那些人看一眼就不觸電，還要發展個什麼。她就用山東話罵我：『觸什麼電？這麼老了，還要觸電？有好男孩娶妳就快快嫁了，有什麼好觸電？！』」

那時的雜誌比如今的《壹週刊》八卦得多，每篇報導雖然沒有偷拍照片，卻都是從當事人口中自己說出來的，主要原因是當時沒有專業的經紀人制度，一切都由藝人直接面對一切。

林青霞在《永遠的林青霞》裡說到母親：「我一生中，只要母親身體不適，我便覺得既痛苦又悲傷。……在那個年代，像我這樣的自由演員，是沒有經紀人或代理人的，陪在女演員身邊的都是她的母親，幫她照管大小事情……。我覺得很對不起我母親，因為她把所有的時間都花在我身上，沒有辦法去過她自己的人生。她就像我的影子，一直陪伴著我。」林青霞的母親在〇二年因憂鬱症自殺去世。

讀三十多年前的老雜誌會有一種以為自己能預知未來的錯覺。《銀色世界》裡甚至有一篇是「謝賢、甄珍、劉家昌三角談判全部經過與內幕」，文中鉅細靡遺報導談判內容，謝賢質問劉家昌為何公開說喜歡他的妻子甄珍，劉辯解，甄珍也否認與劉有情意。但才隔了兩期雜誌，記者已來到甄珍與劉家昌在美國的別墅現場，甄劉二人計畫結婚。

讀完不禁令人想對當時的他們說：謝賢你不需傷悲，後來你會另娶迪波拉生子謝霆鋒，他會成為華人社會重要演員不輸給你；劉家昌你勿得意，三十年後你與甄珍的兒子劉子千會令你煩惱，後來終於唱了你作的歌〈念你〉，雖紅但被眾人笑罵。

至於林青霞，看她情路多坎坷，也好想勸她：且勿神傷，日後你會離開這一切，嫁給某人生女愛林、言愛，並且成為作家，為自己人生開出另一條路。寫作才是你真正完全可以自己掌控且為你帶來快樂。

但我們能這樣說嗎？林青霞在《窗裡窗外》整本書中唯一一處提到自己的感情，說到二十二歲的繼女邢嘉倩，「在情路上兜兜轉轉受了一些苦。我跟她說：『親愛的，在情路上我也有過刻骨銘心的苦，今天看來，都成了如煙的往事，何須在意？你年輕，你愛過，這不是人生必經的過程嗎？』」

2011.11

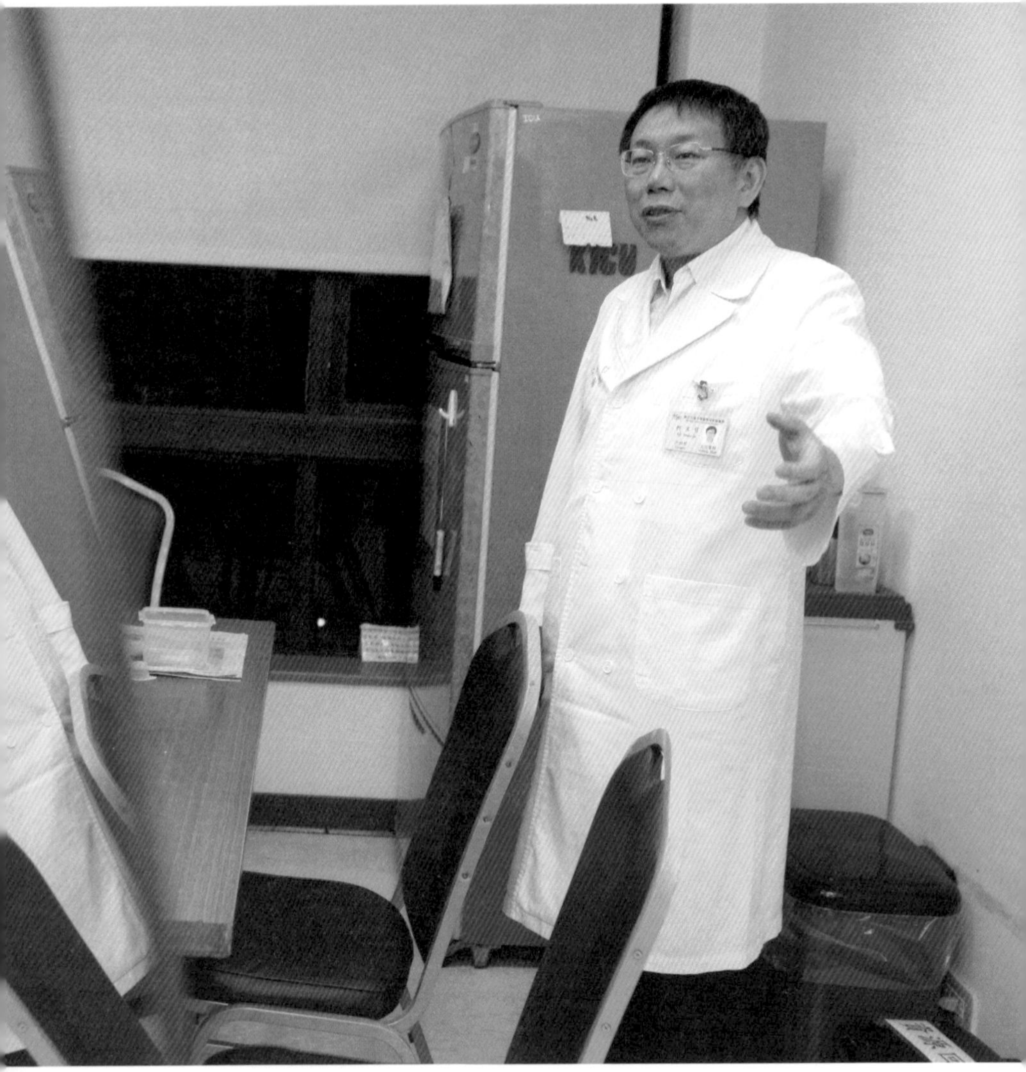
KICU

喜劇演員

柯文哲

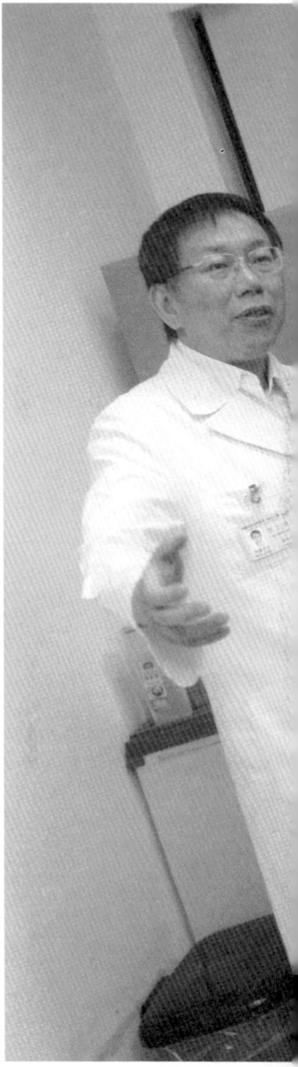

二〇一一年台大醫院發生錯植愛滋器官事件後，我們採訪了柯文哲，他是這次事件中唯一被移送懲戒的人。那時的他當然不知自己後來會成為台北市長。整個過程中，我們看到衛生署是主管單位，卻扮演懲罰者；台大院方是主事者，卻採取隱形策略；只有柯文哲，秉持著過去幾年每當台大醫院出事，總是最先跳出來主張反省認錯道歉的精神，再度第一個出來面對，然後他就直接跳進自己挖的洞裡了。他讓人們眼睜睜看到醫界菁英逃避推諉鬥爭的醜態，他嘲弄了醫界，也毫不留情地嘲弄自己。與其說當時的柯文哲是悲劇英雄，不如說他是一個喜劇演員。

吃飯了嗎？我問柯文哲。約的是六點，我們吃過晚飯才去辦公室找他。他指著桌上一個漢堡說：「早上的都還沒吃咧。」問他要不要去吃飯，漢堡也該壞了。他得知我們吃過之後就說不要，「豬都能吃ㄆㄨㄣ了，人為什麼不能吃？」有道理，頗有尼采的精神：「那殺不死我的，使我更強。」只是這漢堡一直到採訪結束他都沒吃。

我們與他最後一次的訪談，是衛生署最近發表台大醫院愛滋器官錯植案懲處結果之前幾天的事。那時柯文哲雖然知道會有麻煩，但大概沒想到如此嚴重。他是目前為止唯一被懲處的人，結果可能是被罰停業甚至廢止醫師執照。採訪那天他還是悲劇英雄，還能談笑風生、自吹自擂、驕傲自己帶領的團隊多麼優秀強悍，現在，電視上的他，是一頭被所有人拋棄的萎頓的獅子。

八月底發生愛滋器官錯植到五個人身上的世界級重大疏失後，身為主導者的台大醫院和主管單位衛生署，立時成了隱形醫院和隱形官方單位，而平素最喜歡反省、認錯、道歉的「大砲醫師」柯文哲，果然第一個跳出來說台大該認錯負責。傻人沒傻福，他立刻成為眾人溺水前唯一抓到的浮木。幾天後，他宣布辭去器官移植小組召集人的職務。

身為召集人，即使移植過程他未曾參與，辭職仍是負責的表現，但如果他願意躲在主管們的後面，也不容易被發現。他的說法是：「如果我不出來，難道要那兩個協調師自殺？」協調師沒有溝通好，造成這次憾事。他無法說的是，他幫院長陳明豐擋了子彈，問起來他才說：「我討厭大敵當前還有人在想如何把陳明豐拉下來。我痛恨這種不道德的行為。我選擇對台大傷害最小的作法，之後再來檢討。但有人不是，好啊，你要出來認罪，我就順便踹你一腳再把你幹掉。」

他那時還以為反正不怕沒事做，他還有許多職務：創傷部、葉克膜、急診後送病房主任，氣定神閒說：「要做牛，不怕沒犁倘拖啦。」但如今他最新的角色卻是獻祭的處女。

其實他早已不是處女，過去他多次為台大醫院解決危機挽回名聲，其中最有名的是：趙建銘事件與連勝文槍擊事件。陳水扁女婿趙建銘院內作威作福、在外特權關說被一一揭發時，柯文哲寫了文章〈在權勢之前，我們竟矮了身子〉，他反省：「從頭到尾，我們都不是無辜的旁觀者，是我們的軟弱和縱容，讓一個年輕人最後陷入不能自拔的地獄。」稍稍挽回社會對台大醫院的觀感。去年底連勝文槍擊事件發生，台大醫院公佈傷勢，綠營支持者大多不信，柯文哲又跳出來說：「我看過傷口，我是深綠的，你們還不相信嗎？」才平息紛擾。

他講話很急，幾乎有點口齒不清，背微駝，頭前傾，隨時準備衝出去似的，好像他遇到的人都有被急救的可能。長期與他工作的外科護理師蔡壁如說，有時晚上七八點他見她們尚未下班，就一聲令下：「走！去吃飯。」到了餐廳他也不問，就替每人點了同樣的餐點，還說：「不過是吃頓飯，有什麼好選的？」

他打開檔案印了一段文章給我們，我正讀時，聽見卡嚓卡嚓的聲音，原來他一點也不浪費時間地在剪指甲。我也趁他接電話時參觀他辦公室牆上貼的三件物事：九〇年代他在美國進修時與同事去獵鹿的照片，鹿被整排吊著，穿著鮮紅色獵裝的兩人站在前方，好像是他們代替鹿流了血；第二張，果真是事無不可對人言，是他的體檢結果；第三張是扁政府時代發給的二二八事件受難者柯世元的回復名譽證書。

柯世元是他祖父。柯文哲愛讀歷史，歸納祖父受難的原因：「每一代的台灣人，都要被迫做自我侮辱的批判，才能在新的政權活下去，我祖父是典型的代表。他出生時是日本人，那不是他的錯，做為一個日本國民，他上國語學校、念台北師範、皇民化運動時改姓，做到督學。五十歲那年台灣光復，國民黨來了，他的價值體系全部崩毀，他變成日本帝國主義的走狗。他常批評他們、罵他們阿山豬，結果被抓去打到殘廢，拖了三年死掉。」

柯文哲沒見過祖父但深受他影響。祖父母有九個子女，祖父被打臥病在床時，柯文哲的大伯還在讀台大醫學系，排行第四的他父親只能去念師範，才能很快畢業養家。「所以二二八事件對我爸爸來講，是他的機會被剝奪。」說到這裡柯文哲眼泛淚光。

父親的兄弟們全都讀好學校、去美國，父親常在長子柯文哲面前表達這種遺憾，因此柯文哲從小「很少考第二名」，讀台大醫學院也是父親的期望。雖然父親後來買賣土地賺了很多錢，常笑他賺錢太少，但還是非常以他為傲。「我念書很大成分是替爸爸念的。」為何講到父親就眼泛淚光？不問還好，一問他又泛淚：「一個人去完成另一個人的使命…人在世界上，到底能為自己活多少？」這幾年關心社會、常表達意見，也算為自己找到一些重心吧？「我也不是關心社會，只是講話比較直，也是滿以自己為中心的，不在乎別人。幾年前有一天我在加護病房裡，突然大徹大悟，人最後的結局只有兩種：一種有插管，一種沒插管。所以後來做什麼都比較豁然。這也是我內心的一個疑問，醫生看到這麼多生死，為什麼對名利還放不下？」

他又打開電腦讓我們看他六年前參觀黃花崗七十二烈士墓的照片，回憶著：「我走下台階，摸著玫瑰碑石，想到一百年前三二九那天晚上，他們是以什麼樣的信念出發？兩百多人進攻兩廣總督府，清軍有十二萬！我的結論是：『人因有夢想而偉大』，這也是我的人生哲學。世界上就是有些瘋子、肖仔，我就是。」

原來是想當烈士。想做牛不怕沒犁倘拖，想做烈士，也不怕墓碑缺貨。目前看來他已成功了一半。他大概是餓了，打開桌上的一塊鳳梨酥包裝，青蛙一般整塊吞入口腔，鼓著腮咀嚼起來。

「讀黃花崗的故事會流淚。我讀到喻培倫、喻培棣兄弟參加革命，革命前夕，喻培倫跟弟弟講：若我們都死了，父母沒人照顧。後來決定哥哥赴死、弟弟回家，兄弟相擁大哭，訣別而去。」他有點說不下去，清清喉嚨，「他們是中國最頂尖的知識份子，是天之驕子，也是既得利益階級，還有好多人結婚不到一年。當然有人說當他們太太真倒楣，但那些人怎會為一個虛無縹渺的夢想拋棄一切？所以我說人因有夢想而偉大。」

你自己呢？「我還好啦，沒那麼偉大。」後來他說到當小兒科醫師的妻子今年初檢查出肺癌，「很早期，開刀拿掉了。想來想去也沒用，神經線粗一點就好。」人生是否因此改變呢？他縮著肩膀偷笑：「改變不到兩個禮拜！她一出院，我又開始日夜工作了。」

護理師蔡壁如說，「他那兩三禮拜憂傷到不行。但當我問他：『你在感嘆人生無常嗎？』他又不肯承認，說：『不是，我突然覺得我該問我太太存摺放哪裡？她買什麼保險？如果家裡沒有她，我不知該怎麼辦。』」他多年來沒有好好過家庭生活，也不知怎麼照顧小孩。

柯文哲不但對外喜歡表達意見，院內看不順眼的事也無法忍耐，「我說台大的危機是道德危機，我看過很多沒道德的事，但他們不覺得自己沒道德。急診病人送開刀，教授級的醫師開了兩個鐘頭，門診時間到了，紗布蓋起來就去看門診。兩個鐘頭後回來再繼續開。後來病人縱膈腔感染，加護病房住了一個半月，感染無法控制，死掉了。」

「如果他要去看門診，這台刀可以換別人開，或者看完門診再開，但他不要。他不覺得自己沒道德，因為每個人都這樣。我問麻醉科醫師，你們怎麼都沒意見？他們說我們老師沒意見，我們為何有意見？麻醉科的老師沒意見，住院醫師怎會有意見？」

柯文哲最近還在遺憾，因為愛滋器官錯植案，使得立法院原要討論醫療糾紛除罪化被無限期延後。我問，如果醫師刑事豁免，那豈不是更多醫師不在意了？他說：

「可是你看，那些把病人醫死的有哪一個被告？絕大多數的醫療糾紛是沒有醫療過失的，是溝通的問題；絕大多數的醫療過失沒有醫療糾紛，因為做錯了家屬也不知道。」

「趙建銘就是個照妖鏡，他的事是一天形成的嗎？趙的案子在台大歷史上沒有結案，因為我們從沒有反省為何會出現趙建銘，你再往旁邊看看，我們有這麼多不道德的事，為何沒人管？所以不道德的事情要譴責。」

他把自己的「因言賈禍」推給祖父，「像我這樣愛講話、得罪人，又忍不住要講的人，在台大真的很黑，也沒有資源。但沒辦法，愛講話的基因使然。」

出事後，他檢討自己犯的錯誤，「第一，形勢則弊，就是一個人身兼多職、工作時間太長，就容易做不好。第二是剛強易折。我們這個 team 太強悍，常逼迫人家照你的方法做，結果沒想到……」他一副有口難言的樣子。

他們怎樣？「唉，怎麼會這樣？這一段不能講。我既然都決定從容就義了，就不用再講了。」到底怎樣？「沒啦，我非常確定不是我們錯。但就是因為我過去太強悍了，有時逼迫人家，人家有時候就會陽奉陰違。那個系統就是有問題。我跟你講，HIV positive 會報到讓人家聽不懂！你們都沒想過這個問題。如果你知道這個捐贈者是愛滋病患，你怎會報到讓人聽不懂？」

難道是故意的？「也不是故意的。」那是怎麼回事？「唉，就是就是……就是讓我要去擋那顆子彈。」他又立刻改口：「沒啦，就是缺少熱情。這也是我失敗的地方。以前這個（檢驗）台大是拿到外面去做，是我強迫他們要移回來做。以前在外面做沒事，移回來做反而出事。就是你可以把牛牽到河邊，但沒辦法強迫牠喝水。你叫他做，他就應付。所以這也是我要學習的，如何與人相處。你看我指揮的部隊都是共產黨的軍隊，可是別人不是啊。所以說柯文哲指揮的團隊在台大醫院都跟人家格格不入，常常發生摩擦。我們常逼迫人家就範，所以有一天就出事了。」

他仍繼續檢討，「第三是急流勇退。這是我犯的一個錯誤，人在成功時怎會想到急流勇退？我若早一年下台，這整個器官移植登錄系統都是我設計的，全部的功勞都是我的，以前常開玩笑，我應該拿醫療奉獻獎。而且若我拿獎，不是因為葉克膜，而是全國器官移植登錄系統。這是多了不起的成就。結果我因為這個下台。」

聽起來很像一齣荒謬喜劇。以上就是這齣喜劇裡的主角柯文哲前半生的故事。

2011.10

如果，那時

陳水扁

二〇一一年五月，《壹週刊》創刊十年，要採訪十年之中影響台灣最大的人。仍在獄中的前總統陳水扁自然在名單中。台北監獄不准我們的「專訪」請求，但受刑人有「投稿」的權利，我請人把題綱帶給陳水扁，他再把回答「投稿」給我們，因此有了以下的問答形式。他在信末提出一個「小小請求」，希望在《壹週刊》開專欄。黎智英聽了立刻說當然要開。我便趁此機會去台北監獄探看他，隔著厚厚的玻璃用電話與他講了兩分鐘，他有幾分羞赧，又很開心我們邀他寫專欄。只是寫了幾個月，獄中傳出陳水扁已失智失禁，但他的專欄卻條理清晰，因此相信他生病的人並不多。不久，他便主動將專欄停了。在這篇專訪中，我提到有人認為，若他在紅衫軍時辭職下台，就不致有今日結果。陳水扁把時間推得更早，認為蓬萊島案時他若道歉，一切就會不同。政治對政客來說常常是一道數學算式，只是答案要由時間來驗證。歷史的有趣就在這裡。（本文經微幅刪節）

董：請描述你的環境，以及每天的作息與活動。

陳：每天不到七點起床，晚上十一點後入睡。不下雨每天可放封運動三十分鐘，之前心臟不好，現在定期服用心血管疾病的藥，可跑六圈。運動時看到蒲公英搖曳，聽到悅耳鳥鳴，有感而發寫下〈蒲公英的獨白〉及〈我是隻小小鳥〉來抒發心情。關久了，記憶力差很多，我每天玩數獨遊戲，可以讓自己的腦筋不致退化太快。

董：每天都會注意日期和時間嗎？在獄中對時間的感覺是怎樣？跟從前當總統時有何不同？

陳：我不會去注意我被關多久，但「台灣人俱樂部」每天都會提到距馬英九下台還有幾天、我被關多少天。對我而言，十七年六個月、三十年、甚至無期徒刑都一樣。南非的曼德拉被判無期徒刑，被關二十七年六個月，我還早得很。在這裡，我沒有手錶，有的卻是時間。

董：獄友都怎麼稱呼你？你們相處如何？你有沒有什麼改不掉的習慣、因此發生一些有趣或生氣的事？

陳：我們門上貼有一張應遵守事項，其中一條是「不用隱語，不呼叫渾名、綽號」，獄中同居人會如何稱呼我，用膝蓋想也知道。不是除夕夜，卻天天「圍爐」，就可想像我們感情有多好。為此我發表了〈兩個人總比一個人好〉的小文章。我們沒下工場，只能在舍房作業，每月要摺蓮花，有時摺錯了，真不好意思，蓮花摺紙寫著「極樂世界」、「拔一切業障根本、得生淨土陀羅尼」，這也是在消業障吧！

董：你每天都看書嗎？最近在看什麼書？有什麼較喜歡或印象較深的內容？有張照片顯示你之前在看守所人家給你的書，包括：《萬曆十五年》、《聶魯達詩精選集》等。你真的讀了嗎？有何啟發或感想？其中還有《聖經》，你是基督徒嗎？

陳：我的獄友每天都在看書，我每天都在寫書。《萬》是入獄前交代家人送來，它讓我們見證明神宗長大後，連國師張居正都清算鬥爭。《聶》是文化界朋友推介的，它讓我有靈感寫出〈沒有名字〉這首詩作。我不是基督徒，但我感謝很多牧長及教友為我禱告，我相信耶穌基督與我同在，祂把我留在監獄是為了增加對我的淬礪磨難。聖嚴法師對我有很多開示，只是我沒有智慧才放不下自己；沒有慈悲才放不下別人。

董：現在內心最重要的精神寄託是什麼？

陳：雖然有人要把我隔離，但在外邊對我不離不棄的阿扁們愈來愈多，兩年多來在法庭內在各個角落相信我清白的支持者愈來愈多，當我走進法庭、離開法院，大家的鼓勵是我內心最重要的精神寄託。

董：獄中常感心情低落嗎？最近一次流淚是何時？

陳：在獄中聽到疼我的長輩、愛我的朋友走了，我無法送上最後一程，心情難免低落。去年十一月十五日，龍潭案等判決定讞，我和太太都將發監執行，我很清楚以吳淑珍的身體，只要入獄，不用多久一定命喪培德。那一天是夫妻倆此生最後一次見面，平時話多的太太變得沈默寡言，最後要分手時，珍哭了，在我耳際說了一句「來世再做尪某」，我也忍不住抱住她，她只有一點要求：下輩子不要再搞政治了。我答應了她。

董：紙筆的供應有限制嗎？你最近在寫什麼？之前幾本書都回憶得差不多了，你其他的寫作計畫是什麼？

陳：紙筆無限制。一支原子筆七元，每天要寫一支以上。沒桌沒椅只能趴著寫，剛開始雙腳不知怎麼擺，現在習慣了，只有手指頭寫到變形而已。最近剛完成第四本獄中書《總統必讀的二十五堂課》。這裡是寫作的好環境，只是沒有充分的圖書、檔案、資料可參考。

董：這十年來，你從總統到階下囚，這一切究竟是怎麼發生的？

陳：從總統到階下囚，或從階下囚到總統，都是不正常國家的「總統路徑圖」。哈維爾從階下囚到捷克總統，曼德拉從階下囚到南非總統，我則從蓬萊島案的階下囚到台灣總統，再從台灣總統到馬英九的階下囚。這就是成王敗寇的政治本質。馬英九在二〇〇六年紅衫軍之亂時，曾公開宣示，子彈已經上膛，會讓我一槍斃命，死得很難看。我太相信聖嚴法師所說的話，只是我把它念顛倒了，不是「慈悲沒有敵人」，而是「敵人沒有慈悲」。

（經查，馬英九原說法是：「罷免是一把裝了子彈的槍，只要發出去就沒有第二次機會，這在任內就不能再發動，所以你可以讓槍上膛，現在不是扣扳機的時候。」「如果陳總統再不提振他自己的責任感跟羞恥心，辭職下台，到時候被人民推翻下台，那時候會死得非常難看。」）

董：十年前，你剛做總統一年，請詳述第一年做總統的心情？有哪些記憶深刻的事？

陳：我曾將二〇〇〇年政黨輪替後驚濤駭浪的五百天執政寫成《世紀首航》一書。二〇〇〇年總統不是我的人生規劃，只能說是「天命」。很多事我必須向李前總統請益，也從他那裡知道一些事情。好比，李前總統告訴我，兩根柱子不要動它，那就是「中華民國憲法」和「國統綱領」，我後來還放進就職演說，結果李登輝說「中華民國不存在」。李前總統又交代我，總統有一筆私房錢名為「奉天專案」，光是本金就三十億，後來才知道劉冠軍早已A了錢，而大筆金錢補助成立的「台綜院」，並不是李登輝所言為「總統智庫」，而是李先生卸任後的專屬智庫。二〇〇〇年上任不到半年，為了停建核四的公共議題，最後演變成總統要被罷免，閣揆要被彈劾，而主席林義雄又不諒解，最想不到的是李登輝也反對停建核四。讓我深深覺得政治的複雜齷齪遠非一般人所能想像。

董：那時你想做一個怎樣的總統？

陳：那時我想做一個全民的總統，希望能超越黨派，所以我任命軍人出身、外省籍的國民黨人唐飛出任行政院長，但國民黨不背書，立院黨團不支持，不到五個月就宣告失敗。做不成全民總統，又回到民進黨的總統，面對立法院朝小野大的政治生態，政務推動困難重重。

董：這十年來，你最快樂、最痛苦和最得意的事是哪些？

陳：毛澤東臨死前跟江青一幫人說，他一生做了兩件事，一是把蔣介石趕到幾個小島上，二是推動文化大革命。我最快樂的事是二〇〇〇年總統大選讓中國國民黨失去政權，二〇〇四年一對一的選舉又贏了一次。最痛苦的事是，為了政治追殺、政黨惡鬥，我個人被迫害卻連累家人及無辜的部屬與親友。最得意的事是二〇〇〇年和〇四年台灣誕生了首位女副總統，二〇一二年台灣極有機會出現史上第一位女總統。

董：你還記得二〇〇六年紅衫軍時的心情嗎？如今怎麼看？

陳：紅衫軍之亂來勢洶洶，不少人認為我一定撐不過紅衫軍的逼退。但我很清楚，那是一齣藍軍在背後策動的奪權大戲，施明德只是被利用的工具。後來藍軍抽腿，紅衫軍已不成軍，當然失敗。我掌握的情資，美國並不支持紅衫軍的奪權計畫，軍隊國家化的結果不會倒戈靠向藍營，民進黨的大男生不希望看到呂副上台。因此對紅衫軍之亂採取寬容態度。不能鎮壓，更要保障他們的集會遊行自由，不要失控就ＯＫ。

董：如果能重來，你希望在人生中的哪一個（或哪些）點上，可以扭轉到另一個方向？

陳：如果蓬萊島案「道歉」了事，就不會有後來我辭掉台北市議員返回台南參選縣長，我不選縣長，太太就不會遭逢政治車禍，一切會變得很不一樣，很多事情都不會發生，包括我在這裡。

董：如果一九九八年順利連任台北市長，你的人生會不同嗎？

陳：一九九八年我若順利連任台北市長，二〇〇〇年總統一定是宋楚瑜，〇四年宋楚瑜勢必尋求連任。若我選總統，最快也是〇八年以後，又未必會成功。但有一點可以肯定，〇八年總統保證不會是馬英九。若沒有我在二〇〇〇年、〇四年兩次擊敗連戰、宋楚瑜，哪有馬英九在〇八年當選總統的機遇？這就是海海人生。

董：你覺得你做一個總統是成功還是失敗？

陳：看你從哪個角度看，不同的時空背景有不同的評價，目前仍言之過早。〇八年以七六五萬票高票當選總統的馬英九，明年一月十四日一旦連任失利，到時候再來比較扁、馬兩位總統的功過，可能會更客觀一點。

2011.5

作家平路本名「路平」，父親希望她人生道路一片平坦。她自己取筆名「平路」，無論前方多麼崎嶇，她都要自己去走平它。

她一生都在叛逆，逃離家庭、不繼承父業、放棄美國工作、選擇寫作這條絕不平坦的路。她寫評論、寫小說，都在嘗試翻轉既定的觀念，找到新的可能。這種種，其實是在找尋她自己人生謎題的解答。

她從待了七年的香港回來，我提出一些對她文字的疑惑，她要我關掉錄音機，然後說了一段她後來才得知的身世。謎底揭曉，眼前彷彿終於現出平坦。然而怎可能說坦途就是坦途？她仍繼續寫小說，繼續由事物的表面向下探索，掀開無人知曉的縫隙與角落。

謎底

平路

平路遲了二十分鐘。打電話過去，果然，她記錯時間了，匆匆趕來，挑染過的豐盛長髮、寬軟的黑衣黑褲與那雙迷離的眼，一同飄然而至，落在人間。

雖然她寫的評論一向犀利，但生活上卻是另一個極端。某次小說寫到忘我，餓了竟打開貓罐頭吃都沒發覺。五十七歲的她，至今都是一個需要許多疼惜與愛的女子，人們得時常把她從某個時空裡撈起來。

去年底她卸下香港光華新聞中心主任的職務，三月回台，接了文建會建國百年基金會執行顧問。不久前，因為她建議文建會拍孫中山紀錄片，被三民主義權威、監察委員周陽山挑戰，雙方打了一場筆戰。周認為平路觀點的國父「不符史實」，而平路則認為冤枉，一來周不該先以糾舉權來箝制言論自由，二來該讓國父走下神壇，還他人性面貌。熱鬧了一陣，也就淡了。

香港七年，最先傳回來的消息，卻是平路參加晚宴愛穿牛仔褲，被她的長官抱怨。她笑，「因為香港不少一位貴婦嘛，我定位我們是文化機構，想讓大家覺得有一些台灣不一樣的氣質。不過後來我就愈來愈入境問俗了。」我注意到她身上穿的這身黑衣，○二年她出書就穿這套衣服拍封面照。回到台灣，她又恢復樸素本色。

她在香港創辦了頗受好評的「台灣月」，每年十一月邀請台灣藝文團體到香港表演，讓過去從不參加中華民國活動的香港高官，與從不參加藝文活動的老百姓，都來參加了。另外，她也幾乎完成長篇小說《東方之東》，是鄭芝龍父子的故事與兩岸人情的關係，也是個愛情故事。

平路還有幾本小說如《行道天涯》（孫中山、宋慶齡）、《何日君再來》（鄧麗君）、《百齡箋》（宋美齡），也都是根據真實存在的人物寫的，而不是自己杜撰一個故事。她說：「那時是覺得這些題材裡有最多的 myth（迷思）。我還是希望每一篇都不同，希望它的難度高到讓我覺得是個挑戰，我才會全心投入，才會有源源不絕的腦啡，支撐我走這麼久的路。如果已經會了，我就會覺得不如去做別的。」

到頭來，平路記掛的還是小說。這天我們講了很多，從國父講到小說，從小說又意外講到身世。而這身世，竟又與她會開始寫作有關……。

平路的父親路君約是心理測驗學界的宗師，母親也在大學教書，平路做為父母唯一的孩子，從小常考第一名，後來依父母心願考上台大心理系。

如果她願意，出國拿到學位，很可以回來承繼父親，成為心理學權威。但她沒有。她在美國愛荷華大學讀教育心理統計，「很快發現最聰明的教授都是數學系來的，」便轉讀數學系數理統計組。

「我沒有數學根基，純粹被那種聰明迷惑就去了，他們讓我知道數學是天才事業，有時一整天就對著黑板上的一條算式。」拿到碩士，又繼續念博士。「指導教授說，如果有一天妳半夜醒來，走到桌前解出一個問題，那可能就是最重要的答案。但我從沒被那種天啟式的聰明驚醒過。我想，如果我拿了博士，最多做一個平庸的教師，不會是第一流的數學家。」她那時剛好找到工作，便沒寫論文，放棄學位。

她在美國公司做了幾年統計師，開始寫小說，投稿到台灣報社，得了文學獎。「我會寫作是因為做事幾年，綠卡、升遷都很順利，接下去我已經看到如果繼續待在那公司，可能會愈爬愈高，那時下班後就跟美國同事去玩樂，晚上作夢都講英文。所以開始寫作是很大的轉折，如果我不這樣做，日子就會那樣過下去，每年最興奮的事就是年初開始計畫度假。」

得了文學獎，受到鼓勵，加上八〇年代後期台灣風起雲湧，她的好友在台灣從事民主運動，她關心又嚮往，九二年，她決定放棄美國生活回到台灣，進中國時報當主筆，一邊做記者採訪，一邊寫評論和小說。而她的文字對當時的台灣是新奇的、女性觀點的，又時常翻轉、顛覆那些習以為常的觀念，她很快便成名了。

她不繼承父業、放棄美國穩定生活、選擇一條崎嶇的寫作之路，顯示的是她的獨立，只是一個父母四十多歲才生、理當享受所有疼愛的獨生女兒，為何在文字之間與受訪時，偶爾不經意透露的，是那樣激烈而叛逆的人生？例如：她大一時談戀愛，因為父母反對（不是為情所苦）而自殺；出國唸書半年後某天從拉斯維加斯打電話給母親，很高興地說：「我等一下就要結婚了！」母親在電話那頭大驚：「你父親要昏倒了！」而每次寫到母親，她的心情也總是充滿糾結與不解。

這叛逆的來源是什麼？究竟過去發生了什麼事使得她必須用這種方式來得到平衡？聽完我的問題，她看著我，突然要我關掉錄音機，然後說了一段令人驚心動魄的故事。

說完，她幾番要求我不能寫。我們認識十多年，但不很熟，也不算是朋友。她會告訴我，想來是因為既然我問，她就幫我理解。她一直是個誠懇面對自己與他人的作者，這是她沒有用謊言敷衍我（記者）的原因。

而我只能說，關掉錄音的這段時間，主要的訊息是：她父親二〇〇五年去世後不久，某天她終於問了母親，自己究竟是否她親生。母親說：不是，她是她父親與別的女人生的孩子。

一切都得到了解答。

我母親常說：「別讓你父親蒙羞。」她很嚴格地執行，總是覺得我不夠好。（《聯合報》，2007）

比起她的富態、勻稱、嬌小而顯得貴氣的四肢，我從小身形瘦長、大手大腳，加上扁闊的骨架，母親說，那都是女人命苦的徵兆。（《我凝視》，2002）

在母親面前，我經常莫名所以地緊張，不曾發出聲音大笑。笑聲意味著某一種失序，女兒流露出失去控制的狀態，我自忖母親必然極其憎厭。而我，說不定也暗暗難堪著母親不自覺的失態：包括她在父親面前忸怩的小女兒態、她描述鄰家男女話題時候吃吃的笑，以及她（不知道為什麼）對我提及昨晚她與父親床第間事突然間的興奮表情。

帶著我不能夠分辨的詭異臉色，我的母親又一次向我埋怨（為了什麼呢？）：「你父親身體不好，還是要，弄得早上都起不了床。」站在晨霧的草坪上，穿著中學制服的我，緊張地揉著裙角，想不出怎麼順著她的話接下去……（按：以上兩段文字出書時被平路刪去，但原文仍保留在她的部落格。）

是她母親無法自已地把無辜的少女路平當成了是「那個女人」、她的競爭對象……。後來我們開始談別的話題，於是繼續錄音，但我仍被此事纏繞，因此又回來：所以妳的叛逆早已不只是女性主義的思考，真正有關的是自己的生命經驗？

「對。這樣講好了，有個方程式我不懂，我用很多方法去解它，我把它想得非常複雜，我一直在想我母親為什麼不疼我，一個女人不疼自己的孩子，是不是因為她不喜歡她自己？……等等，我去找答案。當然，一個女人為什麼要用男人的眼光看？她不喜歡我是因為不喜歡我的性別嗎？女人怎麼看自己的性別？這些都是女性主義的問題。我的謎題對我是這麼困難，但沒人告訴我答案這麼簡單：她不愛妳是一定的，她看到妳就會想起……。所以後來講出來，才是和解。」小時候父親從來不（敢）對她笑，現在也懂了。

和解了，人會不會也變得平和了？平路笑，「我也以為。直到這次（國父事件）才發現不是。」她發現自己還會反擊。那麼，早或晚知道，差別在哪裡？「我希望早知道。對每個人來說，最重要的還是『我是誰』這個問題。我怎麼來到這世界上？我怎麼長大的？為什麼會變成後來這個人？這跟外界怎麼看你無關，一個人最重要的價值其實在回答這個問題。」

因此可以理解，她會開始寫作，其實是在尋找身世。那麼，如果從小就知道身世，後來還會成為作家嗎？平路輕鬆起來，往後伸了伸腰：「也許變成音樂家，」又開起玩笑：「或是三民主義學者、監察委員吧。」

去年藝人侯炳瑩出書說出家庭秘密，又與母親、哥哥在媒體互相對質，被人批評是「狗仔才有興趣的八卦」，或「私人家務事，浪費社會資源」。平路那時特別在專欄中寫道：「是不是八卦醜聞，單看社會用哪一種濾光鏡去剖析它？若是換一個角度，它其實是一種折射，替我們映照出所有家庭的畸異之處。……譬如，對多數人充滿了溫暖親情的『童年』，對某些孩子們，原本是個充滿了灰垢的黑盒子。」

侯家三人各自根據自己的回憶敘述，平路說：「這份回憶是否能夠『還原』當時的情境則是另一回事。……記憶總是可疑的，然而，對敏感的孩子來說，傷害卻如此真實。更根本地看，則好像小說家海明威說的，每個人在成長路上都被重重地傷害過，爾後的人生，始終的困難在難於拼回原狀。因此，侯家兄妹的家務事，豈止於八卦而已。當事人在媒體上真情告白，所帶來的反省是：事件中的每個人，包括做父母的，包括每一個你與我，又何嘗不是，受傷的小孩？」

母親後來一直跟平路住在香港，平路回台，送她到養護中心受較好的照顧。平路常去看她，她九十七歲了。真相揭曉後，對母親的態度有變嗎？「反而對她更好。我其實心裡有種瞭解，知道她過去生活的不容易⋯⋯。」

2010.9

爭與不爭

蔡英文

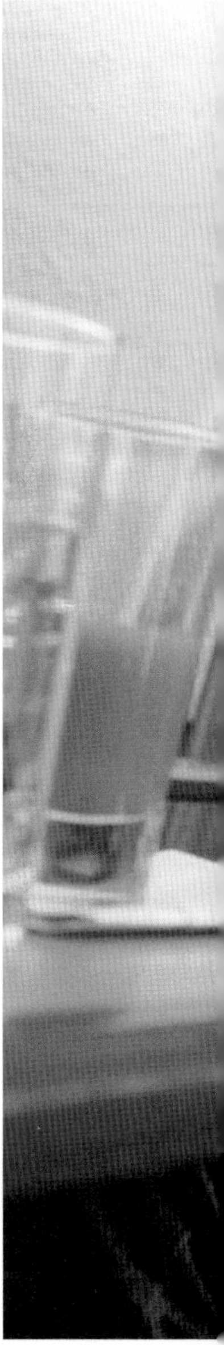

蔡英文百分之八十的衣服，不是直條紋便是格子。在身上畫些線條與格子，說不定不是提醒自己不要超越界線，而是提醒別人。她的前老闆陳水扁是到了獄中才看到許多人穿線條衣服。

這次採訪出刊後不久，蔡英文改變想法，宣布投入新北市長選舉，幾個月後，她輸給朱立倫，差幅甚小，雖敗猶榮，那是二〇一〇年十二月，那時我以「年度風雲人物」名義又採訪她一次，她說到她在英國讀書時，英國失業率高、通貨膨脹嚴重，「你可以看到大英帝國面臨這種轉折時，人民跟政府如何一起走過，那時的柴契爾夫人真的是一個鐵一般意志的人帶著英國走出困境。」

她話鋒一轉，偷笑了一下：「但英國人有個習慣是，走出困境後就把那個人扔掉了，柴契爾、邱吉爾都是。」我問，這給了妳什麼啟示？她笑：「沒有永遠對的領導人，人民會根據情境的不同，需要不同的領導人。」二〇一六年一月，她擊敗對手，高票當選中華民國總統。

距離「主席」蔡英文抵達還有半個多小時，老人們紛紛來到。女人吹了堅固的髮型，男人穿著最好的襯衫。再過幾天，全國的農田水利會要選新會長，南投是主席助選的第一站。

蔡英文穿著民進黨背心準時抵達，露出笑容。這天好熱，大家仍正襟危坐，只要不是「主席」發言，聽眾都兩眼發直沒在聽。

蔡英文台語不好很懂藏拙，照例先是國台語交雜，接著偷講一段國語，但不久就警覺地講幾句台語，然後大膽嘗試只講台語，但這時就像游泳一直不換氣一樣難以為繼，幸好不久便來到最容易的「這概一定高票當選，啊呢好否？」然後與旁邊的人手拉手喊著「凍蒜！凍蒜！」

結束後，媒體圍著她問五都選舉。有些老人可能沒見過真人大小的蔡英文，都悄悄擠進縫隙中仔細觀察她。他們可能會發現：她本人比電視裡瘦，有點微微駝背，白皙的臉上有幾顆斑，回答問題時很嚴肅，好像這樣就可以防止記者們對她施法術。

從去年六月開始，蔡英文每週下鄉三天，持續至今。「跑行程很累，搭高鐵時我會睡著，有次醒來張開眼睛，面前站著一個陌生人，說：『主席，可以跟妳合照嗎？』」她笑，覺得這很恐怖，合照可以，但剛剛睡相如何？他站了多久？從這人的微笑裡，她看不出來。

令她緊張的還有中國觀光團。「他們說要跟我照相，我就照啊，他們有點爭先恐後。」她偷笑。我說，照相時你恐怕不敢笑吧？她點頭，「要保持嚴肅。」

做民進黨主席一年半以來，她一方面戰戰兢兢行事，一方面努力開創新局，就怕民進黨這株被雷打過的樹再度遭逢不測。沒想到樹竟也發了新芽，也有逐漸茁壯的態勢。然而就在這一路看似順利的過程裡，她與總統馬英九辯論ＥＣＦＡ，民調輸給他。

還好上天很公平，幾天後，馬英九接受ＣＮＮ訪問時說出「若台灣海峽爆發戰爭，台灣決不會（never）要求美國協防台灣」，引起輿論撻伐。蔡英文算是被動扳回一城。

另一方面，自從蘇貞昌快狠準搶先宣佈要選台北市長，一向被看好選台北市長的蔡英文，則採取默默接受的態度。她說，這時要替民進黨做事，就是做主席，「我不能把目的和方向搞混，但如果黨真的沒人，硬要推我去選，我唯一可以兼顧就是台北市，因為地緣近，選區較小，而且我是這裡長大的。這個立場我很早就跟黨內說過，沒公開講，現在蘇院長要選，我們就不再處理這個問題。」不能選台北市，她也堅持不選新北市，誰也不必再勸。（按：但隨後她不敵黨內苦勸，決定投入新北市長選戰。）

多年前蔡英文還是陸委會主委時，我們採訪她，對於權力，她說：「我算是出道早，因為年輕，很多人把我當小妹看，在家又是老么，所以我比較能接受人家不把我當一回事的感覺。我沒有特別要跟人家競爭的心理。我爸說，妳不需要去跟別人競爭，人家不做的妳再做。」

那時她提到德川家康，「他最後能存活下來，很重要的是，在一個特定的時代不論誰主事，他都採取配合的態度，也只有整體的成功，才有自己成功的機會。」

多年來，她一直遵循著父親和德川家康的教誨，在沒人願接的情況下，做了民進黨主席，綠手指一樣地把民進黨救活，又不與蘇貞昌爭，一切為整體的成功。

她黨主席做得興致勃勃，把眼光放得很遠，認為民進黨已逐漸成熟，該真正培養執政人才，於是今年初開始推「十年政綱」，一方面積極練兵，佈建未來執政團隊，一方面凝聚共同看法，並與社運團體對話，彼此理解、有計畫地改善社會問題。

「不要像二〇〇〇年，上台時只會打仗但不知怎樣治理國家。」每週會議，她一定全程參加。幾個月來，國民黨看民進黨好像不是只喊口號，便緊張起來，最近也急忙提出「黃金十年」的主張。

蔡英文微微的駝背是少女式的，從前以為是害羞引起的，但經過這次ECFA辯論，我們才恍然大悟，那可能是長期伏案造成的。

台大法律系畢業、美國康乃爾大學法律碩士、英國政經學院法學博士、教授、貿易談判代表⋯，可以想像，有多少個夜晚，她要坐在桌前低著頭讀那些永遠也讀不完的書和資料。即使來到五十四歲，身為黨主席，仍要代表她的黨去參加辯論。

她愛讀歷史，準備辯論期間，還邊看韓劇邊對照正在讀的韓國史。「以前我們看韓國，是用中國人的眼光看，可是我們為何不用韓國人的眼光來看韓國、了解中國周邊的國家是怎麼看中國的？現在很多人突然感覺中國又回來了，歷史上掙扎在中國周邊的那種感覺又回來了。所以我覺得這時候讀歷史，要從不同角度切入。」

讀歷史也有助於妳看清現在的局勢嗎？她很認真地說，「必須抽離自己的情境去看，如果不抽離，不準，所以我看歷史是看別人不是看自己。這兩年我領悟到，政治是結果論，你贏了，你之前做的都是對的，輸了，之前做的都是錯。所以很多人贏了，就傾向用同樣的方式處理，但這很可能是失敗的開始。因為在計算或觀察的過程中，一定有盲點。所以看政治，不能以成功或失敗來論，或許外界可以這樣看，但身處其中的人不能這樣看。」

講得很好，但能否舉些具體的例子？「舉例就敏感了，」她笑，「譬如我們前一次在野，熱血沸騰、充滿革命感情，講究的是帶領人民往前走的英雄，在這種情境下，我們的領導人也……，」她打住，再說：「我們的群眾也習慣那樣地被帶領。可是現在情境不同，社會也不同，大家充滿不安焦慮，所以在引領群眾時，要創造一個環境降低他們不安和焦慮。」

蔡英文許多背景與德國現任總理梅克爾相似，女性、科學家（學者）、年輕時被德國總理科爾提拔做部長，後來科爾政府在選舉中失利，梅克爾出任該黨（基督教民主聯盟）秘書長，不久科爾發生政治獻金醜聞，梅克爾率先公開與科爾切割，這對她來說是一次政治賭博，但她成功了，黨齡很淺的她，被保守、男性主導的基督教民主聯盟選為主席，並帶領聯盟重新獲得政權。

蔡英文二〇〇八年任黨主席以來，從未對陳水扁說過重話、畫清界線，有時被批軟弱。「因為我要這個黨團結啊，那時我只有一個選擇，就是讓黨不要因為這件事分裂。我覺得在團結的訴求下，支持者和黨都會重新思考、調整自己的心理和想法，經過調整，他們對他（扁）有檢討也有同情，我覺得這反而比較成熟，你若一下切掉，反而沒有好好思考這個問題的時間和空間。」

之所以能平和發展，有部份原因可能是陳水扁長期被關。一直有個半開玩笑的說法，國民黨會在選舉前放陳水扁出來（擾亂民進黨）。民進黨現在看來風平浪靜，但扁出來時，才是真正檢驗蔡英文策略是否成功的時候。

「現在不是二〇〇八年，是二〇一〇年，整個事情我們也歷經剛開始的震撼、到大家掙扎著去找一個解決方法，很長的心路歷程，我們也一起打過一連串選戰，現在大家對這議題的想法比較沉穩，而且是經過沉澱的，我相信阿扁也是一個沉澱後的心情。」

如果二〇一二年蘇貞昌在做台北市長，民進黨沒別人只有妳最適合選總統，妳會出來選嗎？蔡英文遇到這類問題，照例不直接回答，先看著她的機要秘書張祥慧說：「不要太緊張！」張祥慧說：「我沒緊張啊，我在發呆。」

然後她才說，「台灣政治很困難也很辛苦，除非有很大的責任感也有絕對的自信，覺得自己會做得比人家好，否則為什麼為了做一件事而去做？」

如果那時蘇貞昌說他要選總統，妳就功成身退不去爭嗎？「我知道很多人要問我這問題，但現在回答太早。我的觀念很簡單，這個黨、這個團隊是好的，誰去選總統都選得上，黨、團隊不好，誰都選不上。而且我們不要以為當選總統的那一刻是人生最後的一站，其實當選才是苦難的開始。」所以就順其自然發展？「差不多是這樣。」

蔡英文愛讀汽車雜誌，也會上網去看汽車報導，「唯一會讓我自動上網的就是車子啦。」她父親蔡潔生早年在中國東北修飛機，後來到日本工作，又回台灣開汽車修理廠，買了很多土地致富。「我們小時候的玩具是我爸爸自己做的小汽車，他還做救火車，一個小孩在前面踏，後面載兩個小孩。」

她喜歡開車，卻沒買過車，都是家人買了借她開，他們買車前會詢問她的意見，也就是說，他們都買她喜歡的車。因此她總是可以開新車，開了一段時間，再換另一個家人的另一輛新車。

講到家庭，蔡英文乾脆一次說清楚，以免引起更多的好奇。在蔡英文的母親之前，蔡潔生已有妻兒，回台灣認識了蔡英文的母親和阿姨，「這是比較穩定的夫妻關係。我阿姨有五個小孩，我媽有四個。我很佩服我爸，沒什麼衝突，管理得很好，我爸是很公平的人。」

她是所有小孩中的老么，從小父親要她負責在異母的兄姐之間擔任溝通角色。這對小孩來說恐怕不是容易的工作。但她父親沒想到，後來這個老么能有今天的發展，當初的訓練不論是否殘酷，都是有幫助的。

多年前那次採訪，蔡英文說，「我爸一直以為我是個快樂的小孩，雖然書念不好、壓力很大。高中時，有一天他問我有什麼不快樂的事，我就趁機敲詐他我想買一套書沒錢。我媽問他你為什麼不給她錢？我爸說她沒說她沒錢啊！」蔡英文說，「我倒是很滿足我的生活，我也一直都是這樣的。」

幾年來她似乎變化不大，仍然好惡不強，不太表達情緒，不太與人爭。「大學畢業，我爸本來不希望我出國，他跟我媽講，這是最後一個就留在身邊吧。但我那時勇敢的個性又出來了，我說我要出去看看，他們就放我出去了。」後來這個嬌弱的么女，就成了今天「堅強的小英」。

2010.5

幽默讓黑暗更黑暗

朴贊郁

有些導演，你喜歡他的電影，但不見得想見到他本人。對我來說，朴贊郁是第二種——很喜歡他的電影，有機會見到他會很開心，這就是「粉絲」心態吧。既然有了他新片《蝙蝠》（二〇〇九年）獲得坎城影展評審團大獎的理由，我便提出採訪申請。未料台灣觀眾有韓國情結，他的電影雖然精彩，卻一週就下片了，那時我還沒抵達韓國。

雖然如此，朴贊郁仍接受採訪，他說是因為收到我寄給他那篇李安的報導，他看不懂中文，但很喜歡李安那張紐約街頭走路的開頁照片（攝影馬立群）。

他的電影選角方式很有趣，有時是因為一隻手。《蝙蝠》女主角金玉彬，他看到她的手，「有一種可怕的表情，與她美麗的臉龐是很大的對比。」他說演員最重要是聰明，「並不是要高學歷或讀很多書，而是能聽懂導演的話。電影裡任何設定我都可以預測，只有演員不是，這是讓我感覺緊張、讓我感覺活著的部分。」

因為他的電影風格太強烈，又常有暴力畫面，因此見到朴贊郁時，我因他那溫和的神態而有些意外，一個拍「暴力電影」的導演不是應該虎背熊腰、眼露凶光、說話像打雷嗎？我正這麼想的時候，他已和藹地說到：「我高中時，教會的神父跟我父親說：『不如把這孩子送去讀神學院，培養他做神父吧！』……。我不知他為什麼覺得我適合做神父，但他說我會是一個好神父。」

從此，朴贊郁就再也沒去過教會。他後來成了獲獎無數的國際知名導演，今年五月又以《蝙蝠：血色情慾》（*Thirst*）獲得坎城影展評審團大獎。他的「復仇三部曲」（《復仇（*Sympathy for Mr. Vengeance*，2002）、《原罪犯》（*Old Boy*, 2003，又譯為《老男孩》）、《親切的金子》（*Sympathy for Lady Vengeance*，2005）》則成為他的註冊商標。雖然主題多半是暴力、復仇，但他對暴力的詮釋又不是感官式的血腥刺激，而是藉著暴力這個表面行為，以黑色幽默的手法，更向深處探討人性的慾望與掙扎、恐懼與軟弱。

朴贊郁的 Moho 電影公司在南韓首爾市區的一個住商混合區，非常難找，我們抵達時幾乎凍成冰柱。他見我們來便中斷原先的會議將我們迎入他的小房間，那房間四面牆除了玻璃門，都貼了滿滿的照片，大部分是他拍的：人物、旅行時的風景。他有十五台相機，每次出門都要帶上一台，拍片現場也不例外，他喜歡拍演員休息或玩耍時的樣子。

「神父那樣說的時候，只有短暫的一瞬間我想過，如果我真的成為神父會是什麼樣子。」朴贊郁一九六三年生於韓國的一個天主教家庭。那一瞬間的想像，多年後出現在他今年得獎的新作《蝙蝠》裡，一位神父（宋康昊飾）因為自願做人體試驗而被感染變成吸血鬼，他愛上朋友的妻子（金玉彬飾），此後不斷在愛慾、殺人、自我認同之間掙扎。

「我在男主角身上放了一些我自己的個性，像是優柔寡斷。男主角雖然自始至終都抱持著這個信仰，但因為變成吸血鬼就必須吸別人的鮮血求生，這又和神父的身分很衝突，尤其不能殺人，兩者如何兼具，是這個角色最大的難題。此外還有對自己正當性的質疑，有一幕他衝入女主角家的廁所，質疑女主角：『因為我是吸血鬼，所以妳討厭我嗎？』很多這方面的情緒表現，事實上是陷入一種詭辯，強迫自己把一切合理化。」

片中沒有暗夜蝙蝠也沒有吸血鬼的尖牙，朴贊郁在嚴肅的主題裡摻入他一貫的幽默，被《時代》雜誌譽為他至今最飽滿、瘋狂、也最成熟的作品。說到幽默，他很認真地說：「很多人認為是因為我的電影太黑暗，才加入幽默的元素，但正好相反，幽默是讓黑暗電影看起來更黑暗的元素。」

「在我的電影裡，好笑的瞬間通常都在主角非常痛苦、悲傷的時候出現。」像是《蝙蝠》男主角向女主角告白自己是吸血鬼的那場戲，女主角因為太害怕因此奪門而出，男主角繼續躺在地上吸血，朴贊郁說，「很多人都在這裡笑了，但這卻是男主角很悲傷的時刻，對女主角來說也是很恐怖的一刻。不管是可怕、悲傷或憤怒的情感表現時，幽默都是不可或缺的。」

因為是透過韓文翻譯採訪，所以我可以很從容地注意到朴贊郁很寶愛他那頭黑白參差的半長髮，他不時以手將之向上梳攏做出波浪；還有，如果不留那撮小鬍子，他看起來會太娃娃臉，而那娃娃臉上還有些許青春期留下的淡淡瘢痕。

朴贊郁讀西江大學哲學系時，原本立志做藝術評論家。大二時看了希區考克的《迷魂記》，決定做電影導演。他成立電影社，在社團認識現在的妻子。二十九歲他拍了第一部電影《月亮是太陽的夢》，票房與影評都慘敗，隔了五年才有機會拍第二部《三人組》，結果更糟。

「那時我很害怕以後再也沒機會拍電影了。」如今回頭看那兩部，真的覺得失敗嗎？他笑得很尷尬，「我連想都不願去想，真的是不夠好。不過，因為當時很年輕，急急忙忙拍了電影，當然快不是罪，而是兩部都有我不喜歡的東西，第一部有我不喜歡的態度，第二部是因為太害怕不賣座而刻意向大眾靠攏。」

沒有電影拍的那些年，他靠寫影評為生，「為了混口飯吃。很多人先當影評人再當導演，但當完導演去當影評人的，全世界大概只有我吧！哈哈！」三十七歲他拍了《JSA共同警戒區》結果獲得壓倒性的成功。

故事從板門店停戰區發生一樁北韓士兵死亡案開始，聯合國派韓裔瑞士籍調查員蘇菲（李英愛）負責調查，但目擊證人—南北韓士兵，配合意願都很低，然後鏡頭才帶著觀眾看到命案發生之前驚人的故事，南韓士兵（李秉憲）在某次任務中因小解落單，陷入地雷區，路過的北韓士兵（宋康昊）救了他。某次李秉憲守夜時大膽越過警戒區來到對面找他的恩人，於是展開一段南北韓四名軍人動人卻也是禁忌的純真友誼。後來此事被人發現，命案於焉發生。

《JSA》成功的原因，朴贊郁說，「它不是一部呈現導演個性或藝術性優先的電影，而是我想把故事更有效率地傳達給觀眾，我認為我做到了。」

朴贊郁的電影表面是暴力，底下則深入挖掘韓國社會問題。他認為韓國最嚴重的問題是：南北韓分裂、階級衝突，以及日益嚴重的貧富差距。《JSA共同警戒區》處理的是南北韓分裂下人民的情感；《復仇》的故事是被剝削階級對於剝削者的復仇，後來雙方又角色互換：急著湊錢幫姊姊換腎的聾啞青年因錢被騙走又遭解雇，便綁架了老闆的小孩，小孩卻不慎自己溺水死亡，老闆因此對青年展開殘酷報復。

朴贊郁所展現的復仇者世界是：復仇者、拘禁復仇者的人（也是為了復仇），到後來都是站在一個自己所構築的更大的牢籠中。而在這過程中，觀眾一邊覺得恐怖，一邊忍不住對這些荒謬情境哈哈大笑，笑完，罪惡感油然而生。朴贊郁說：「這種時刻也是導演看到的角度。隔一點距離，以宏觀的角度看，才能觀察並客觀地了解人性和人生。」

在幾位亞洲導演合作的《三更II》中，朴贊郁的短片〈Cut〉，描述時運不濟的臨時演員綁架導演的鋼琴家妻子，威脅將鋼琴家的手指一根根切下，而這個優雅、有修養、一看便是受過良好教育的導演為了救妻子，一步步暴露出自己的邪惡內在。

對於〈Cut〉，朴贊郁曾說，從前的韓國有錢人是白手起家，現在菁英階級的財富則是從好教育而來，他們有教養，沒有缺點，因為他們在舒適、沒有太大挫折的環境裡長大。「我們處在一個有錢人也可以是好人的世界，但另一方面，窮人卻承受著逐漸增加的被剝削感。所以現在窮人比有錢人更容易變得邪惡。這個故事，就是從我不相信有錢人可以變成好人開始。」

主角是電影導演，這樣安排，是他認為自己也屬於要檢討的階級？朴贊郁沒有直接回答，他笑說，「本來設定的主角是律師或建築師，壞人是主角家中的清潔婦，但因為製作費有限，律師或建築師需要的場景太多，若是導演，就可以設定導演的家和他拍片時的場景一模一樣，可以節省開支。」

他的電影中時常出現的「罪惡感」，除了因他是「不完整的天主教徒」，也與他學生時代參與學運的經歷有關。

韓國長年被列強（中、美、日、俄）佔領或欺壓，九〇年代以前因獨裁統治，國內政治極端不穩，大學生往往採取激烈的行動（譬如跳樓）迫使政治改革。朴贊郁讀大學的八〇年代初期，學運正值高潮，真正的暴力並不是在街頭人們看得到的地方，而是警方的監牢等暗處，常有學生在獄中被打死。朴贊郁當時沒有參與學運，因為對那種暴力感到恐懼。

「我看到許多人被捕、被毆打或拖去監獄，雖然我算是參與過示威場面，但沒有獻身於這個運動，我只是一個旁觀者，當那麼多人為了民主流血流汗甚至死亡，我卻沒做什麼，」他平靜地說著，「這種罪惡感一直沒有消失，似乎也會跟著我直到死去。因此這樣的罪惡感成為我電影中最重要的素材，往後也將如此。」

「那時每天都處在學生示威、警察暴力鎮壓的環境裡，所見所聞都是驚悚恐怖的事，可能也是我電影出現暴力的原因之一。但我認為暴力並不是從韓國這個環境而來，暴力、罪惡感本來就存在於每個人心中，這才是我要強調的。」

朴贊郁幾次提過，他對香港導演吳宇森將暴力舞蹈化、風格化的「暴力美學」沒興趣。「我著重的是恐懼和痛苦，也就是暴力之前的恐懼和之後的痛苦，這對施暴者與受害者來說都是如此。」

拍完復仇三部曲，他對暴力有些厭倦，二〇〇六年，他想為當時十二歲的女兒拍一部她也能看的電影（他的電影幾乎都是限制級），於是有了風格完全不同的《賽柏格之戀》，是精神病院裡的愛情故事。朴贊郁創造了一個電影的新境界，他不是旁觀精神病患，而是實際站在精神病患的角度看世界，因此那個世界奇異詭麗，充滿美好的幻想與真實的憂愁。

可惜女兒不喜歡，他苦笑，「畢竟還是青春期的孩子，她比較喜歡《暮光之城》或《神鬼奇航》這類的電影。」他的《原罪犯》因為有亂倫情節，他也不讓女兒看，

「等明年她上了高中就會讓她看了。」

明年他自己也還沒決定要拍什麼新片，「想法很多但沒成形。現在先跟另一位很有才華的年輕導演奉俊昊合作。」後來我們換到一個更大的房間拍照，那便是奉俊昊的工作間。奉俊昊新作《母親》很受好評。

不過朴贊郁已經想到自己退休後要做什麼。「一是成為小說家，一是當攝影師。」他熱愛文學，最喜歡的作家是馮內果。「如果用心努力，應該可以成為拍出很棒照片的攝影師，但當小說家比較沒把握。畢竟小說的歷史比電影長很多，已經有很多知名作家和偉大作品。這樣說來，要成為一個好的小說家比當好導演困難。」這樣說來，我倒是忘了問，比起當神父，當導演是不是比較容易。

2009.12

誰是恐怖份子

熱比婭

去年，中國科學家屠呦呦獲頒諾貝爾醫學獎，引發中國媒體的報導旋風，同一日，熱比婭獲得美國人權獎，卻無人知曉，這個結果其實並不令人意外。

二〇〇九年，維吾爾族傳奇女性熱比婭因為身為紀錄片《愛的十個條件》的主角，而在台灣聲名大噪，受邀來台，卻被台灣政府拒發簽證，理由是她與恐怖組織關係密切。

她過去曾是中國富豪排名第七、新疆首富、兩屆政協委員，究竟是經過了哪些事，到後來她竟被迫放棄一切，坐了五年半的政治牢，出獄流亡美國，又立刻投入維吾爾族的人權運動，變成中國政府的頭號要犯之一，又二次獲得諾貝爾和平獎提名？採訪中，她提醒台灣，「我希望你們將來不要跟我們一樣，被壓迫地生活。現在中國開始伸出手了。」她也控訴中國政府多年來對維吾爾族滅絕式的鎮壓與待遇。通常被壓迫者只有兩條路：等待被宰割，或頑強抵抗，而定義恐怖份子的權力在強權國家手中。那麼，究竟誰才是恐怖份子？

熱比婭今年五月出版的英文版自傳封面照片，是一張全側面照，深邃的古典輪廓有如錢幣上的偉人頭像，但這種拍照角度又像是犯人的存檔照片。偉人與犯人這兩種身分熱比婭都具備了。她未來可能是維吾爾族的民族英雄，目前則是中國政府的頭號要犯之一，排名緊跟在達賴喇嘛之後，兩人每到一處便小小炸起一片煙火，害得中國政府總是暴跳如雷。

熱比婭昨晚三點開完會回到家，今早十點多坐在辦公室吃早餐繼續開會、準備接受我們採訪。辦公室在華盛頓特區市中心的一棟辦公大樓，這天是星期六，大樓是空的，她在其中顯得嬌小，但卻是無法忽視的存在。她一九四六年生，六十三歲，遵循維吾爾族傳統留的兩條及腰長辮都花白了，後腦勺戴著傳統花帽，講話稍微激動帽子便往後滑，她就一邊扶起一邊繼續講。

她的早餐內容很簡單，是維族人過年吃的油炸饊子，沾牛奶吃。她來美國四年，很適應美國生活，穆斯林吃牛羊肉喝牛羊奶，這裡供應充足，更何況她之前才剛從新疆惡名昭彰的監獄坐牢五年半出來，這裡已是天堂。她說：「我來美國以後，每一分鐘都是撿來的。」她九〇年代是中國富豪排名第七、新疆首富、兩屆政協委員，現在是流亡美國的世界維吾爾代表大會（簡稱「世維會」）主席。這天她與她的第一副主席 Seyit Tumturk 對坐吃早餐、開會，這幅「兩個恐怖分子的早餐」畫面，氣氛其實相當祥和。

對於台灣政府拒發簽證給她，熱比婭生氣又無奈，「這是在中國政府的壓力下，迫不得已。不過他們說世維會是恐怖組織，這太過分了。」台灣是說你的祕書長多里坤・艾沙（Dolkun Isa）是恐怖分子。她說：「如果 Dolkun 是恐怖分子，德國為什麼發給他護照？德國、美國都特別嚴格調查他，都沒事情。美國也給我們錢，支持我們的人權活動。台灣的政治家不應該太輕易這樣說。你的權力哪去了？你這個民主國家將來的命運怎麼辦？我希望你們將來不要跟我們一樣，被壓迫地生活。現在中國開始伸出手了。等會兒我的翻譯會來。」

熱比婭中文說得不錯，口音稍重，不過她講得不太自在，可能是身心都在反抗。維吾爾族屬於突厥語系，他們稱自己的故鄉是「東土耳其斯坦」（East Turkistan），而不是中國所稱的「新疆」或「新疆維吾爾自治區」。中共對他們來說是無可承受的入侵者。

「我還是要去台灣，我必須去，今天不去明天去。Dolkun 去過台灣參加會議，玩了幾天，那時候怎麼不說他是恐怖分子？」他何時去的？熱比婭立刻拿起電話，接通後連「喂」都省了，劈頭就問：「Dolkun何時去台灣？」然後也不說再見就掛電話告訴我：「二〇〇六年。那時候他們沒說他是恐怖分子，今天我要去（台灣），他就是恐怖分子？我的翻譯來了。」

之後她就像魚游進了海，透過翻譯，她講得很自在，可以自由展現她那非常強的精神力量。

對於台灣政府所說，熱比婭所屬的「世界維吾爾代表大會」（World Uyghur Congress）和被美國政府列為恐怖組織的「東突厥伊斯蘭運動」（East Turkistan Islamic Movement）關係密切。熱比婭說：「世維會和東突厥伊斯蘭運動從來沒有關係。我不想也不贊成用暴力，因為如果你用暴力，他們就會認為自己是正確的。」

熱比婭七月接受日本媒體採訪時說，將在中國建國六十週年的國慶之後有所行動。「是的，我們想要揭露中共所謂在六十年之間帶來的發展是假的——發展是得到了發展，但人民沒有得到幸福生活。我們會用和平的方式進行。如果中國政府想把它變成恐怖活動，那是他們的事。」

中國政府定義下的新疆，是中國面積最大的行政區，總面積佔中國陸地面積六分之一，原有維吾爾族與其他少數民族居住於此，漢代第一次納入中國版圖，乾隆時代稱這裡為新疆，長期被突厥民族與中原民族交替統治。一九三三年國民黨政府統治時期，在前蘇聯支持下，「東土耳其斯坦共和國」成立，國民黨政府派兵鎮壓。四九年共產黨政府接收，五〇年開始實施漢族移民大型計畫，五五年改為新疆維吾爾自治區。自一九四九年至二〇〇〇年，漢族人口從百分之六上升至百分之四十，至今每天仍移入三、四千人。維、漢衝突時常發生，據中共官方統計，在其統治的六十年中，共發生三十多次重大抗爭事件，皆處以強力鎮壓。

熱比婭說，「九七年之前，不管中國政府如何殘酷、屠殺我們非常多的人，都還沒有試圖改變我們的民族身分。但九一一事件以後，中國藉著美國反恐政策，妖魔化我們，說我們是恐怖分子。從〇三年開始，打著雙語教育的口號，禁止我們使用母語。〇六年五月一日開始，就是打著轉移勞動力的口號，把十四歲到二十五歲的年輕女孩，遣送到中國本土進行勞動。」

她說，八七年後，有二到三萬個五到十五歲的維族孩子，在中國本土揹著小偷的名義流浪、生活，「是誰把他們從東土耳其斯坦帶到中國本土的？在東土耳其斯坦，很多維族家庭都失去了孩子，這些孩子都在哪呢？你可以在上海武漢北京天津廣州的街頭上見到他們。人們一說維族人或新疆人，就說是小偷。」

「對於任何一個對中國政策有異議、反對的人，他們公開地、成千上萬地把他們送到監獄裡折磨至死。在過去，當我們說中共逮捕了上千人時，他們總是否認，但〇八年一月八日第十一次全國代表大會上，新疆維吾爾自治區高級法院院長自己公開宣稱，最近五年，新疆政府逮捕了一萬五千個恐怖分子。」

說話的同時，熱比婭很忙，不時有電話進來，她就走去她的小辦公室講話。為我們翻譯的是維族人伊利．夏提，他過去是新疆石河子大學化學系教授，也教過中文。他說到自己離開家鄉的原因，「按中共的說法，我做為大學老師也算是個官員，但和漢族同事一塊旅行時，他可以坐在臥鋪車裡躺著，看著我們維族人一個一個排隊被檢查包包、身分證、問話。一開始我也還閉著眼睛過日子。後來我帶維族和哈薩克族的學生去就業介紹會參加人才交流，那些公司和行政單位負責人都當著我的面說他們不要維族人、不要少數民族，我感到一種侮辱。」他後來賄賂官員辦了護照出國，嘗試找一條出路解決問題。

熱比婭匆匆回來，臉上寫著「分秒必爭」。她繼續：「中國政府不停給其他中國人宣傳，維族人太落後太窮，『我們在養活他們。』」她發怒：「為什麼你們想養活我們？我們這塊土地盛產各種礦藏，石油、天然氣、金、銀、稀有金屬、甚至製造原子彈的鈾和鈽，中國棉花產量的百分之四十都在我們這裡！」

她氣極而笑：「在中國政府宣傳下，中國人以為他們在養活維族人所以也開始恨我們。維族人既不能在石油天然氣工業裡就業，做為農民，他種的棉花也沒權利收成，而是要讓兵團的人收走。中共總安排外國人去看烏魯木齊或一少部分生活改善了的人，而不是真正的廣大農民。」她語氣緩和下來：「我也曾經是這當中的一個宣傳樣板，因為我也富有過。」

熱比婭出生在阿勒泰市的一個普通家庭，十四歲時共產黨把他們一家拆散，母親被迫帶著孩子逃離家鄉，結果貧病交迫，熱比婭只好嫁給一個仰慕她的二十七歲男子，當時她十五歲。婚後生了六個孩子，為了生計她開始做鞋服生意，卻被冠以「投機倒把」罪名批鬥，與丈夫離婚。她有生意頭腦，離婚後她從幫人洗衣只收一元五角開始，到後來開洗衣房，賺得第一筆財富三千元人民幣，又收買破爛傢具、毛皮地毯，後來還投入鐵礦業，與中國政府做生意。

由於從小聽父親講各種民族英雄的故事，她奮鬥創業時一直沒忘記要改變自己民族被壓迫的命運。她二十九歲決定為自己再找一個丈夫。她開出十個條件：「長相要帥、大我三到五歲、大學畢業、雙方一見鍾情、曾為族人犧牲最好是因此坐過牢、必須有為民族自由做好戰鬥準備……。」親友都以為這個帶著六個拖油瓶的女人瘋了，但有人告訴她的確有這樣一個人。

她穿著白色貂皮大衣去鄉下看這男人，說出她的十個條件，並對他說：「你拯救我，我拯救你，我們一起拯救我們的祖國。我要嫁給你。」這個剛坐牢出來的落難男人和他的村人認為自己遇上了中共安全廳的間諜，態度遲疑。她失望離開，半年後，男人帶著為她寫的二百六十首詩來找她。這是紀錄片《愛的十個條件》的由來。他們後來結婚，又生了五個孩子。

熱比婭婚後仍繼續擴展事業，不但成為新疆首富，更曾是全國富豪排名第七。她變成宣傳樣板，九二年任全國人大委員、全國政協委員。

為什麼不在當時，以政治權力和影響力來改變中共，卻選擇走到與中共對立的位置，從此被他們完全排除？熱比婭眼睛亮起來：「當我被選為政協委員時，我非常高興，因為我終於有機會改變維吾爾人的狀況了，當我看到中國政府宣佈對維族和各少數民族的政策，我認為可能是地方政府沒有執行中央這麼好的政策，所以我蒐集各方的情況和改變局面的建議寫成報告，直接送到中央政府，官員非常高興，表示極大謝意，他們說我們一點都不知道這種情況，這個問題太嚴重了。我高興得就像要飛了。」

熱比婭做出快樂飛翔的動作，「但是，這問題從來就沒有落實，每年他們都告訴我正在調查。」五年過去，她又被選為另一屆的政協委員，「我還是繼續向他們反映，我和中央政府全部官員幾乎全都見面了，包括胡錦濤江澤民，每個人給我的回答都是非常好，他們把我的地位抬得更高了。」

就在此時，九七年二月五日伊犁事件發生了，「在這件慘案中我看到中國政府真正的面目，那是我地位最高的時候，我有好幾個家，每個家都有五個以上的保姆、服務人員為我工作，在他們看來我應該是個最富有最幸福的人。伊犁慘案的發生，迫使我對這一切都放棄。為了得到第一手真相，我帶著我的助手去了伊犁，我得到的資料顯示，中國政府對伊犁的血腥鎮壓，是慘不忍睹：

「當時中國軍隊用軍事鎮壓，血流成河，當場打死的是四百零七人，那天晚上非常冷，軍隊把受傷和被捕人員全押到伊犁的人民廣場，軍隊用消防車的強壓水龍頭噴灑水，最後凍死了全部的人。有些婦女要求釋放她們的丈夫和孩子，但軍隊用強力水龍頭噴水也把她們凍死了。」

「我把這些資料全蒐集起來，想反映給中央。當我到了機場，國家安全部的人把我抓走，把資料全部沒收，檢查我的身體甚至耳朵、頭髮、腳趾，怕我藏照片，再讓我換上他們給的一套衣服才讓我上飛機。我立即飛到北京，給北京統戰部公安部的領導，把我整個所見所聞全反映出來。他們說，妳忍耐一下，等下次開全國政協會議時再反映。他們所謂的反映是只講給領導聽，但我當時在會議上當著全國政協的面，把這事情整個講出來了。當時，中央政府這些官員說妳反映的問題非常真實，我們很高興，一定會解決。三個月後，他們把我的職務全撤掉了。」

九九年三月她試圖與訪問烏魯木齊的美國國會議員見面時被逮捕。二〇〇〇年被以「向境外組織非法提供國家情報」罪名判刑八年。〇五年獲保外就醫赴美。一下飛機，她立刻投入維吾爾人權工作。她留在新疆的將近上億的商品則被中國政府以偷稅漏稅名義，全部沒收。

這就是熱比婭從全國富豪排名第七，到後來變成「恐怖分子」的過程。接著她又匆匆去接了一個電話，回來後，我們的訪談也該結束了，她做了一個結論：

「請你代我轉達你的政府，他們必須對世界維吾爾大會道歉，他們指控世維會是恐怖組織，他們也指控我們的秘書長多里坤艾沙是恐怖分子，這不是小事。我要請林保華（台灣青年反共救國團理事長）做我的代表對台灣政府提出告訴。我可以對很多指控做出讓步或表示沉默，但我不能對恐怖分子的指控表示沉默。如果是中國政府指控我我無所謂，因為大家都知道他們是騙子。台灣做為一個民主國家，如果胡亂指控一個組織，這是不負責任的，所以對這個問題我要認真計較。請向台灣人民轉達我的問候並致意。」

2009.10

天生戰士

金溥聰

寫人物很有趣的一件事是，同一個人，在他的人生高峰或是低潮時採訪，呈現出來的很可能是完全不同的面貌。二〇〇八年金溥聰剛幫馬英九選上總統，他喊出自己「不入府、不入閣」的口號，眾人都感動了，那是他人生的最高峰，也是這篇專訪的時間點。只是神隱不久之後，金溥聰又很快回來居高位，後來的事情大家都知道了。他在採訪中說：「我從第一天做政治就知道自己的角色。翻開歷史大概就知道我們這類人的下場。我現在做的就是避開，我想選擇自己的收尾，功成身退是天之道。」只是他後來沒有聽自己的話。

眼前是一片肉林。第一項比賽是游泳，賽前，各種年齡或新鮮或衰老的雄性身體構築成這片視覺奇觀。我感到欣慰，今天採訪的是金溥聰而不是蔡同榮。我們找到金，這位馬英九神秘的「前核心幕僚」，正在為這鐵人三項比賽（游泳、自行車、跑步）準備用具。

金溥聰看來很輕鬆，對自己的能力既驕傲又沒信心，一會兒嘲笑自己報名菁英組（通常只有成績最優異者才能參加這組，此次主辦單位特別禮遇他）是為了先出發，以免落後太多太難看；一會兒又說，他五十二歲在國內同齡者中成績屬Top 5，那些年輕人有爆發力沒耐力，跑到一半都在路邊抽筋。

金溥聰特地從香港回來參加在宜蘭舉辦的鐵人三項，距離他八月一日「游離台灣政治核心的漩渦」也將近兩個月。離台前我們做了第一次採訪，這是第二次，時間早就約好，但卻巧得像是為了回應國內許多「沒有金溥聰的馬英九」的質疑。他直說：「時機真不好。」

今年總統大選完，金溥聰宣布不入府、不入閣，為新政府帶來極大的好評。之後他主動與香港某大學接觸，表達希望擔任訪問學者之意。學校答應了，不久又有其他學校風聞邀請，最後他選擇香港中文大學，半年為期。離台前，我們在台北一家時髦的貝果餐廳採訪，他拿下墨鏡，剛逃過追殺似地說：「這裡比較好，都是年輕人，沒人會認出我，也不會偷聽我講話。」

為何勝利的時刻反而要離開？「其實我生命中可以有很多不同的選擇，我有我的專長，但就像電影《神鬼戰士》，一旦上了戰場，你不覺得在那一刻，在指揮時、摧毀敵人時，他也有他的享受？報紙在追殺時也是一樣，對我來講，我已經知道那種滋味了，而且在那種情況下，風險是很高的，雖然是你殺人，也是人殺你，今天如果勝的是謝長廷，被挑出來從盤古開天開始清算馬英九毀在一個人手裡的那個人就是我。」

你離開，馬英九願意嗎？「我跟他相處這麼久，我知道怎樣解決問題。我說：『我可以遠距離幫你。』我離開了，也不可能立刻就不接他電話。」半年後回來會不會繼續幫馬英九？「大家都說我會。我的個性是，我為什麼要告訴你？為什麼你們一激我就說要或不要？」

金溥聰二十九歲就認識馬英九，當時馬三十五歲，是國民黨副秘書長，負責政黨外交，金是他屬下，二人從此開始了長期而深遠的關係，後來他們做過政大同事、金幫馬選上兩任台北市長、金也做過台北市新聞處長、副市長，最後金幫馬登上總統大位。過程中，金一直擔任最核心幕僚、選戰操盤手，也以強悍作風聞名，他對議員和媒體從不假辭色。瞭解的人都說，馬如此信任金，是因為「事後證明，金的判斷常常正確。」

一位瞭解他們的人士對二人的角色做了這樣的分析：「金溥聰不怕演黑臉、不怕跟人衝突，但又有很縝密的心思。這兩種組合應該是矛盾的，但他這種人做政治或做行政官員，就有一種奇特的影響力。他就像是會發酵的酵素，一方面吸引了很多人把他當箭靶，其他人反而容易被cover住。馬是能帶君子、帶好人的長官，但政治界有很多壞人，金是能管壞人的。這是他們兩人互補最有趣的地方。」

幫馬英九打贏多場選戰、解決許多敵人，到後來人家都說金溥聰是影武者、佛地魔、幕後黑手。期待馬英九幫你說句話嗎？金溥聰說：「這都是我自己的選擇，我又不是第一天認識馬英九。」他說得有點磕磕碰碰的，「我從第一天做政治就知道自己的角色。翻開歷史大概就知道我們這類人的下場。我現在做的就是避開，我想選擇自己的收尾，功成身退是天之道。」

三小時三十三分之後，金溥聰跑回終點，畢竟趕在「關門前」（也就是鐵人最低標準三小時四十分）完成。明顯地他在運動場域可以把自己完全放開，不怕成績不夠好，不怕樣子不夠帥，除了報名菁英組有些不顧自尊之外，他可說是非常享受這種可以將體力耗盡的時光。許多人來與他合照，他都親切地搭著人，一點也不必提防，這裡不是政壇。

我們在他落腳的礁溪老爺酒店採訪，他參賽順便帶妻小度假。說起香港，金溥聰有一種觀光客的熱情，他說自己過著「讀書、運動、叉燒飯」的生活。雖然講國語也通，但他仍買了「廣東話每日一語」練習。「去香港最大收穫就是冷靜觀察自我。所以為何政治一定要脫離，就像神鬼戰士一上了戰場，那時就像豹子一樣要快狠準，你還能冷靜自我觀察嗎？那時要靠本性。我在那種環境裡，就是殺氣騰騰，是因為那個本性在啊。」

近來許多人都說金溥聰不在，馬英九就變笨了，金溥聰笑說：「這不是在挑撥嗎？這些人真的這麼怕我回去嗎？我沒有要回去。他們從來沒稱讚過我，最近這麼稱讚我。我有那麼好嗎？如果我還在，被罵得最慘的就是我。」

在什麼情況下才會回來幫馬英九？「如果有一個比馬英九還爛的人出來──我不是說馬英九爛，我是說，謝長廷和馬英九，我會選馬。除非有一個人出來，我認為他的本質不會為台灣帶來正面效益，而他有機會可能贏，我就會出來設法阻止。」

如果馬英九繼續表現不好，而四年後形象不錯的民進黨蔡英文出來選總統呢？「蔡英文是民進黨最好休養生息的一棵大樹，但你覺得民進黨支持者準備好接受一個女總統嗎？」他認為未來應是×蔡配，而不是蔡×配，而這個×，在追問下他勉強說是蘇貞昌。

金溥聰的另一個身份是政治傳播學者，他非常喜歡分析、預測，然後驗收成果，享受那種「你看吧！」的樂趣。他政大新聞系畢業後到美國德州讀傳播碩士，回台工作六年後，又到德州大學奧斯汀分校讀政治傳播，這是涵蓋了社會學、心理學、民意調查、新聞學的跨領域學科。政治傳播學理論認為，一個好的選戰操盤手條件有三，一是很好的社會科學訓練，二要很懂民調，三要有直覺。

而這直覺，往往是成功與否的關鍵。金溥聰對於自己的直覺能力很有自信，他的工作伙伴也常把他當算命師使用。選戰時的發言人羅智強在接受我訪問時說，選後曾有個工作私下找他，沒人知道。但金某日卻對他說，如果你要去某一個工作，最好不要，因為不適合你。羅很驚訝他怎知，金說，因為以我對你思考方式、習性的瞭解，我知道那工作會找你而你會考慮。

金溥聰自己也得意地說，常常他預測某人會出事而後來果然發生，後來眾人都叫他不要再烏鴉嘴。但他又謙虛解釋這都是只因為他對人性的瞭解。譬如總統大選期間，他宣布自己打贏選戰才領薪水，選輸就不領。「人性就是，贏了沒人會計較，但是輸了還領高薪，你也是被追殺的對象。為何要把自己陷到那樣的局面？結果我們贏了，我領再多都沒人講話。」

選戰時有人建議讓馬英九全台騎腳踏車，金溥聰操作時，是讓馬英九從南往北騎，而非由北往南騎。「你看馬英九由南往北騎到台中時，地下電台開始追著他，可是一過台中就進入藍軍地盤了。如果他從北往南騎，他到南部時人家就會拿鋤頭出來了。就是你從他最腹地殺出來時，他還沒有回神，等他回神你已經脫離他的戰區。」而他執行時作風也非常嚴厲，羅智強說：「我們若有一件事沒達到目標，他就會把過程的每一個環節都一直問，要弄清楚是哪個環節沒處理好。」

金溥聰的鬍子與施明德的像是同一個工廠出產的，戴上墨鏡後很容易誤認。也許不甘平庸的人都需要在臉上留點什麼來昭告世人。金溥聰沒做革命家，卻也是政界的異數。他身在藍營，卻沒有老國民黨的那種滑氣、陳腐氣與怨懟氣，有些綠營的人私下頗讚賞他，因此藍營有人半開玩笑質疑他這個滿洲人是為滿清復仇、推翻中華民國的。

金溥聰原來的名字應是「愛新覺羅・溥聰」，那麼愛新覺羅・溥儀就是他堂哥。父親是滿洲人，在成大歷史系當教授，母親是漢人，金溥聰上面有四個姊姊。金溥聰不愛說家世，但很喜歡把自己剽悍的個性歸因於他的韃虜血統。

由於父親個性溫和（奇怪，同是韃虜，他父親卻個性溫和），金溥聰這個唯一的兒子從前做過的一件事，可說明他對父親的心情，而這心情後來竟也不自覺投射到馬英九身上。

「我父親是世上少有，不抽菸不喝酒不打牌，很有正義感。」他父親在成大時也在教評會負責評鑑教授升等，某次升了某人，另一個常到他家吃飯的人沒升，那人就對他父親不友善，他父親回家就嘆氣，他得知詳情後，「我轉身就帶了我那些狐群狗黨騎摩托車衝到成大，把那人從研究室叫出來，我跟他說，如果你再找我爸麻煩，就會如何如何。我回家一進門，我爸電話剛掛，又唉聲嘆氣：『他對你去找他耿耿於懷。』我聽完這句話，又要出門，我爸大聲叫住我不讓我去。」

金溥聰成長過程中做過許多小太保行徑的事，他直到大學還在鞋跟釘兩塊鐵皮使走路時可以發出喀喀聲響。他後來看了一部電影《十月的天空》，主角與父親經過一連串誤解，最後主角對父親說：「你才是我的英雄。」金溥聰說，後來父親肝癌去世，

「我最大的遺憾是，整個過程到他去世，都沒機會表達我對他的心情。」

後來再講起馬英九，他說：「政治如果對我來講有些收穫的話，那就是生死與共，在政治的戰場上並肩作戰……，」他停頓了一下，有點說不下去，我只好接著說，而且你也幫馬英九殺敵。「我夠悍，但我也懂得自保，不去選舉，不去追求政治利益，如果我沒有這一點自知之明，我早就被消滅了。」父親教歷史，從他身上學到什麼？「他非常溫和，我從他身上看到的，就像馬英九……。」

他說民國元年出生的父親告訴他，從前在東北，常在路上被漢人丟石頭。「他在家是凸顯滿洲人的，但我的小學課本上，卻是驅逐韃虜恢復中華、滿清腐敗。所以我是生活在矛盾之中，就學會隱藏自己。」

滿洲人、外省人加上他是左撇子，金溥聰學會從不同角度看事情。他常對深藍中尚可溝通的人說明為何有些本省人仇恨外省人：「就好像有些女生童年被父親性侵，她們一直覺得是自己不好，但到了四十歲時突然覺醒：不是我不好，是父親不好。」

「在政治上，我看到許多外省人的缺點，那對我來講打擊很大，他們不夠同理心，太自以為是到了傲慢的程度。馬英九至少不是這樣的人，他有修正能力。可是民進黨永遠有一張族群王牌黑桃A，那是撒旦的誘惑，一急就拿出來用，馬英九天生缺門，以他的個性，如果能做得久，台灣的族群問題就解決一大半。」這是他幫馬英九的原因。

也許是剛說完馬英九，也許是剛從香港回來，帶著一種新鮮的眼光看台灣，金溥聰說，「都說台灣這幾年經濟這麼慘，但你走出來，老百姓也沒有報紙上看到的那麼慘。」我提醒他這可能是因為他住在老爺酒店的錯覺。他立刻正色道：「對、對，這是有錢人的地方。我太太今天還說，這是第一次住這麼貴的地方。我們去花蓮都住兆豐農場。我們都不是主張奢侈的人。」

左撇子金溥聰對左右手世界做過研究，「作戰時，你們右手拿劍刺到對手正好在心臟位置，但我們要活下來就要靠別的方法。歷史上有許多有名將領都是左撇子，因為軍事敗仗都是大意才掉入陷阱，我們生活在右手世界，我們不能信任右手世界的資訊，所以會把資訊重新整理，照我們的習慣解讀。」

他的手錶戴在右手，這讓人想到馬英九照鏡子，二人過去一向彼此倚賴，若任何一方離去，就像靈魂失去了身體、身體沒有了靈魂。而金溥聰現在似乎極力想擺脫那個形象，自己走出一條路。

「我非常不喜歡被定位成策士。那不是我的最強項，我有執行力，我懂得人性，我懂得怎樣把事情做到最有效益。所以我不一定要待在政治裡，去企業界也可以。政治上我被分配的角色是我要有震嚇力，對手要能被我震懾住。大家都認為我是 troublemaker（麻煩製造者），但我認為我是一流的 trouble-shooter（解決困難者）。」

「有人說工程師最好啊，也有人打著工程師的形象啦，come on! 工程師是解決問題的？那我們這種人就被歸類成邪惡的一方，不公平！我沒有必要長期忍受這種。我已經夠了，因為當你的目標是讓馬英九做上總統，ＯＫ，他已經做了，我為什麼還要忍受？」說著說著，他火氣就上來了。

2008.10

賭到最後才放手

王家衛

王家衛的電影拍得美，生意頭腦也相當靈活。當初因為拍片方式太花錢，被投資人批評，他乾脆自己開電影公司。每次電影宣傳，他都會想出一些令工作人員也咋舌的宣傳手法。二〇〇八年我們去北京採訪他，他正為《我的藍莓夜》宣傳，他想到可以徵求十位中國的藍莓女孩，一起去旅行一個月。大家看到王家衛很投入地站在大巴士旁，歡送十位藍莓女孩浩浩蕩蕩出發時，都相當佩服。他又相當好奇，別人問他問題，他往往會反問對方意見，並開始採訪起對方。他且非常細膩，一位工作伙伴形容他「心比髮絲還細」，王家衛有次看到她與丈夫相處，後來對她說：「妳應該更注意妳丈夫的感受」，令她相當吃驚。人們都以為李安比較「張愛玲」，其實王家衛才是。談到李安當時的新作《色戒》，他說李安已走出張愛玲，拍的是自己的故事，又說，其中的床戲也並非必要。過程中，火花幾度閃現。

這次我第一次採取問答方式寫專訪，只因他太精采，該把空間都留給他。

為了宣傳新電影《我的藍莓夜》，王家衛住在北京「長城腳下的公社」裡的一棟紅色房子裡，這是近幾年北京最時髦的飯店建築之一。我們坐在這紅色房子的小客廳裡等，感覺不太真實，好像坐在一個電影場景裡。比約好的時間遲了，他仍未出現，我開始憂心他是不是找不到墨鏡。之前有個傳聞，他因找不到墨鏡差點取消某個採訪（後來是助理飛車到他家拿）。

終於他打開房門出來，笑嘻嘻的，可能是因為戴著墨鏡，他便用額外的親切，來補充被遮住的表情。他戴墨鏡有如穿著盔甲，看起來很有安全感，永遠都可以大方地觀看。但對他人來說，那墨鏡有如攝影鏡頭，令人不安。人們看不見他的眼睛，只有金色鏡框遇光一閃時，算是他眼神的替代。採訪開始。

董：先談新作《我的藍莓夜》。你這次為何去美國拍一部美國人演的電影？

王：主要因為諾拉瓊絲（Norah Jones）。那年我在台北為《二〇四六》宣傳，傍晚塞車時，突然聽到她的歌聲，她那時也在台北宣傳，聽到她的歌，看著外面，感覺那聲音有一種電影感，好像有個女孩在街頭走來走去的。後來我在美國跟諾拉碰面，覺得她有一種質感，我就說，不如拍個戲吧。因為她在做一張唱片，有兩個月空檔，不能離開美國，她不會說中文，我就把我以前一個短片改成美國背景——把它放在另一個空間裡，故事可能就變得有點不一樣。

董：《藍莓》的故事令人聯想到《重慶森林》，它們若有相似，就是你認為女性的成長，都要透過離開，才能得到完成。

王：我相信這戲跟《重慶》唯一相似的，就是場景都發生在快餐店裡，其他關連沒那麼大。《藍莓》說的是找尋幸福的距離，就是很多事情要走遠一點，再回頭看時，發現這才是你真正需要的。

董：這是第一次正式在美國拍電影，遇到什麼困難或文化衝擊？

王：這次可說是從頭開始。較具體的困難是，美國的演員工會很強勢，第一要求定時放飯，逾時罰錢。以前我們拍片沒有吃飯這種事，一個鏡頭需要很長時間，去休息回來以後情緒都不一樣了。第二，要求導演不能跟臨時演員講話，必須通過副導去做，因為若你跟他講話，他就變成不是臨時演員。可是我的電影沒有臨時演員，每個人都是演員，因為他們雖然坐在那裡，我還是要給他一個故事，告訴他要做什麼。這些都要解決。剛開始我們遵守，但一出紐約我們就亂來了。

董：你似乎特別喜歡愛情題材，只是用各種不同方式說。

王：它們是跟愛有關，但不一定是愛情故事，我認為愛情只是個後遺症。譬如《藍莓》更多是女主角自我治療的過程。我在想這故事時，是拿著一本教人家戒菸戒酒的書叫《Quit It》來想的，就是我們習慣了很多東西，有一天你發現它對你已經是有害的時候，你該怎麼處理。**（董：拍花樣年華時，你說，即使拍愛情，也要拍成一個驚悚片，男女主角要來調查是誰偷了我們的丈夫妻子）**對。因為類型和手法是可以混來用的，愛情故事可以有很多種講法，有些是純愛，有些可以很恐怖。

董：拍了這麼多，有沒有遇到瓶頸的時候？每部戲你都希望自己跟從前不一樣？

王：我沒有特別想這次要跟上次有何不同，好像我拍《重慶森林》，剛開始因為很趕，我們就像偷一樣，很多是去了現場就拍，沒有申請，那很好玩，像去打劫。第二部《墮落天使》，我們就想，還是一樣吧，但這過程就不一樣了，因為我們已經太理解，偷的過程會有很多麻煩，你就開始不享受了，因為這種偷的刺激已經嘗過，再重複也是這樣，反而你要面對一大堆重複的問題，所以就想，要用另一種方式拍。有時候不是說你故意要這次跟上次不一樣。因為拍電影需要衝動、刺激，有個火在裡面，你感覺這個路不對時，就會往另一個路走。

董：你是上海人。最近李安也拍了上海背景的《色戒》。談談李安和張愛玲。

王：我當然喜歡張愛玲小說。很多人喜歡拍張愛玲，但目前為止都沒有一個重點，我感到很遺憾的，就是張愛玲描寫的上海女人，有一種很 practical 的東西，就是上海女人是可以很硬、很實際的，我發現，他們電影裡的女人都沒有原來小說的精神特點。**（董：包括《色戒》？）**對我來說它也是。很多人看張愛玲時會自我投射，所以拍張愛玲小說吃力不討好。李安拍《色戒》成功的地方，就是他已經撇開了張愛玲。大家說他很張愛玲，但基本上他沒有張愛玲小說的……，對我來說，那是他自己的一個故事，所以有一個新意在裡面。很多人都感覺張愛玲很浪漫，描述的女性很 subtle，其實張愛玲的女性從來都不 subtle，她自己也不 subtle，她是低調的高調（笑）。所以你要讓我來挑（題材），基本上我們可以看到張恨水對她的影響，她的很多女性的背景，在張恨水的小說裡都有的。

董：《春光乍洩》你拍了兩個完全相反的結尾，你後來取了那個 happy ending，梁朝偉回到香港繼續人生。觀眾十年後才在紀念版裡看到他自殺的那個結尾。你為何選了現在這個而不用那個？

王：但它可能不是兩個分開的結局，自殺可能是其中的一段。**（董：你是說他又活過來？）**對啊，很多人自殺不遂的。**（董：那你為何不讓他在正式版本裡自殺不遂呢？）**因為張國榮那時要回香港辦演唱會，所以梁朝偉如果死了就沒戲了。**（董：真的只因為這樣？）**對啊，呵呵。**（董：但他也可以自殺沒死啊，不過這樣張國榮就沒辦法去醫院看他）**對啊，他不能不去醫院看他，否則就不完整。所以很多時候不是藝術上的考慮，也有一些是你在過程裡面對的一些困難，你要去有想法的把它變成你創作的靈感。

董：你剛剛吃零食之後聞你的手指。你是喜歡聞氣味嗎？

王：是習慣。**（董：有學者研究，說《重慶森林》可以看到你的戀物癖）**那時候我們是開村上春樹的玩笑。就像我們拍《花樣年華》時想，那樣一個出軌的故事怎麼用希區考克的方式拍。拍《重慶森林》時流行村上春樹，距離啊、肥皂啊，我們就開玩笑用這方法拍。

董：你準備拍《上海小姐》和《一代宗師》好像很久了。現在如何？

王：還在準備，還沒決定先拍哪個，要看演員時間。**（董：你以前可以同時拍兩部電影）**很痛苦，千萬不要，這好像同時愛上兩個人，我試過一次，拍《花樣年華》同時拍《二〇四六》，結果變成上下集。原來兩部沒關連，拍《花樣年華》時，房間號碼要幾號，二〇四六吧，結果從這一下就開始有關連了。**（董：你為何要用這房間號碼？）**好玩嘛。好像《藍莓》，諾拉她男友房門的號碼就是二〇四七啊，不過不太看得見。**（董：為何有時會兩部疊在一起）**這是意外，《花樣年華》應該是很快的，結果越拍越長，而《二〇四六》又已經訂好木村拓哉的期，必須要拍，所以要把《花樣年華》停下來，因為同時在泰國，就拍《二〇四六》。拍一星期後，因為他只有一星期時間，又回來拍《花樣年華》。

董：這麼多年你一直在創作，你看到很多別人，還有自己，你怎麼看命運這事？

王：我是相信命運的。因為拍戲過程裡很多事解釋不了的，就是，為什麼我突然想拍這鏡頭？可能當下沒什麼理由，但還是拍了，後來在剪接過程裡發現，如果沒有那鏡頭，很多事會不一樣。譬如我們為什麼去阿根廷拍《春光乍洩》？也沒特別強的理由，但就感覺有一種動力在推。有一天張國榮吃了不乾淨的東西生病，他就說可能他前世是華工在這裡打工，這世又來這裡還債。所以有時我想時間可能是向後走的，好像是個 reverse，很多事情已經有了結果，你只不過是把它執行出來。

董：你和李安的成長背景很不一樣，他是儒家社會下很受壓抑的男性，電影也時常在處理壓抑。你卻不是，你的野性很強，非常自由。你五歲時跟家人離開上海到香港，你父母對待你的方式如何？

王：我跟我父親比較疏離，他是海員，我五歲以前他基本上都在國外。我五歲之後，他在香港一個很有名的夜總會工作，白天睡覺晚上上班。我跟我母親關係很好，我的教育大都來自我母親，對音樂對電影對書，都是。她喜歡看電影，我們到香港沒什麼親友，每天我放學她就在校門口等我一起去看電影。最遺憾的是，後來我當導演，她在我電影出來之前就過去了。

我父親樣子很嚴肅，我母親過去以後，我跟他有很多接觸，發現他其實是個頑童。他從小是孤兒，所以家庭觀念不強，但他對自己的disipline很強，那時他退休了，知道我做這行，就說：我都在寫劇本。他練書法，劇本是寫在很大的紙上。他劇本寫得不錯，很有潛力（笑）。他很喜歡記錄，我發現他有很多筆記，做海員時，因為要買東西寄回家，他就寫：今天寄了多少錢回家，明天在哪裡喝酒。他會把所有的店、餐廳、酒吧的名片、帳單貼在裡面。他的有些東西已經在我的電影裡了。

董：你家幾個小孩？

王：三個，我最小，還有哥哥姊姊。**（董：你母親為何只帶你看電影？）**那是個悲劇。我們六三年去香港，但不能一下把三個孩子都帶走，就先帶最小的，明年再回去帶大的，但跟著文化大革命開始，就回不去了，分了十幾年。**（董：你會不會有某種壓力，因為只有你出來？）**對我母親來說是很大的痛苦。那時唯一可做的是通信，我母親的信都是幾個皮箱的，每次見信都哭，後來見面，她還是一直有內疚。

董：上海對你還有什麼特別的意義嗎？你電影裡還是在追尋某種老的上海。

王：不是追尋。香港的歷史感變得很快，歷史沒有累積。但我會看到上海人這個社群，從六十年代到香港，第一代第二代，裡面有些東西我認為要在還沒消失前做個保留，這是很寶貴的。因為譬如我們回上海，即使還是講上海話，他們一聽就知道你們是過去的一代了，很舊很老很古典，今天上海人也不會瞭解，那段時間的人，他們的想法是什麼。就是說，很多新一代的上海導演喜歡拍三十年代上海，但味道不對，因為他沒經過。

董：你太太是香港人？以前有人問你的繆斯是誰，你說是你太太。

王：這是真的。我太太也是上海人，跟我一樣很小就到香港。我們認識時，她十七歲，我十九歲。影響我最大的人，前面是我母親，後來是我太太。她跟我很不一樣，她是很開朗、直接的人，很多事她會給我一個最簡單也是我最需要的答案。就是說，我會想像，要是這個人是她，她會怎麼反應，那我就會很清楚。（**董：所以你的女性角色的原型在某種程度上是你太太？**）對對。

董：你原先讀美術，為何後來做編導？

王：我念美術是意外。中學畢業後，要上大學，我填了美術，因為我想這應該不需要做功課。我也不會畫畫，就考上了。後來我發現美術系功課超多，但這是很好的訓練。後來沒畢業，就去當編劇，因為我喜歡寫東西，那時認為編劇很浪漫，後來發現不是，是最痛苦的，反而當導演好一點。當導演是團體工作，很多人合作，編劇基本上你只面對自己。而且編劇永遠是開頭，一般電影沒有劇本就不會開動，很多人都在等你，壓力很大。

董：你拍《藍莓》時，美國演員可以理解你拍一部愛情電影，從頭到尾最激情的也不過是兩次親吻嗎？

王：沒問題（笑），《*Gone with the Wind*》（《飄》）只有一次，我還有兩次啊。（**董：當然我們可以理解，像你拍《愛神》裡的〈手〉，是用一種非常含蓄的方式來

表達一種激情，但從頭到尾都沒有露什麼。可是你拍《春光乍洩》，兩個男同志的床戲還更激烈。你反而會讓男人露，而不是女人，當然也許這是一種更高明的表現方式，但這應該也跟你個性有關。）我從來沒有去說服她們要露，要是她們願意我就沒問題。**（董：但你好像沒什麼興趣）**對，我好像沒有衝動要這樣做，我認為要做肉體、床戲，除非你可以給它另一個意義，否則這跟吃飯有什麼分別？**（董：那你怎麼看《色戒》的床戲？）**我不感覺這床戲對這電影、這故事有多大幫助，但我肯定相信它對觀眾的接受有一個很大的衝擊。要是沒有這床戲，它成不成立呢？你看大陸的版本（按：大陸版本床戲被剪），可能會感受到這差別在哪裡。但有一點是，它明顯的是跟張愛玲有一個距離。……我沒有感覺它與張愛玲有很大的關係。它只不過是based on張愛玲的故事，但這世界是不是張愛玲的世界？I'm not sure。

董：你為何處理男同志的床戲還比較開放？

王：那是第一場戲，我必須把兩個演員（張國榮、梁朝偉）的心理障礙打開，我告訴他們，這電影，你們最親密的時候是這個，往後只會越走越遠，所以你們就來吧。

這對演員會有影響，就是說這一關他們衝破了，往後很多事情就可以放鬆很多。這很有用。我記得我們拍時，除了攝影師杜可風，所有的人的頭都是低的，都不敢看。我也沒有具體講 who's on top，讓他們自己決定。

董：你為何常用你劇組裡工作人員的名字當你主角的名字？像《春光乍洩》裡的何寶榮（張國榮）、黎耀輝（梁朝偉）是你的攝影助理，梁鳳英（劉嘉玲）是一位執行製作。

王：我們在劇組裡同事那麼久，會瞭解他們性格，有時會把他們性格的一部分拿過來。像何寶榮和黎耀輝，他們基本上是一對活寶，一天到晚吵，但感情很好，我說梁朝偉和張國榮的關係就是這樣啊，為什麼不用這兩人的名字？就這樣開始。我也懶，我認為一個電影或一個人物要找個名字，會想很多，反而從身邊找一些例子，可能更簡單。**（董：拍的時候他們兩人不會很尷尬嗎）**在笑啊，他們以為我是在開玩笑。

董：你拍片時劇本似乎常會大改。這次拍《藍莓》卻比較按照劇本拍。

王：劇本在寫的時候都是想像的，到了現場會有很多具體問題。還有，拍片時你感覺演員跟你原來想像的不太一樣，就再改。像瑞秋懷茲，那時她剛生完孩子，有十天在曼菲斯拍，她帶孩子、老公來，你就會感覺她情緒特別集中，因為她每四小時必須餵一次奶。最後一天我們拍橋下那場戲，是她的四分鐘獨白，我們拍時，她兒子開始餓了。但拍了半個晚上，感覺不太對，我就跟她坐下來一起改寫，最後她寫了一大半，我寫了一小半，拼起來變成現在這樣。在這個過程裡的互動很過癮。

董：你的拍片習慣似乎是要花很多時間磨，拍各種可能性，再挑你要的，譬如《二〇四六》花了五年才完成，期間還被人笑說要到二〇四六年才會完成。這次《藍莓》因諾拉檔期，八星期就完成，你感覺兩者差別在哪？會過癮嗎？

王：二者題材不同。《二〇四六》和《花樣年華》，都需要做很多美術的東西，因為要回到那個年代。《二〇四六》雖然五年，真正拍的時間不多，要等很多演員檔期。跟《藍莓》比，是不同程度的磨。我們在香港或一路的習慣就是，你知道還是有空間可以改，但在美國，你知道你沒有空間，因為他們每個人今天在談明年的事。所以那段時間壓力特別大。

董：《重慶森林》好像最後是剪完來不及看就送出去了。

王：我們通常是，今天晚上午夜場，昨天晚上還在剪。**（董：後來都趕得及嗎）**沒有，午夜場是這樣，三十家戲院，有些在市中心，有些在郊區。那個戲是一本一本的沖印，我們送得太晚，市區裡還可以看到完整的，遠一點的戲院，他們就看到八本，但觀眾感覺這個還是像一個ending。因為第八和第九本的差別在於，第八本梁朝偉離開了，第九本是，結果王菲回來碰到他再開店。所以都可以的。但郊外的戲院，基本上只看到七本，七十分鐘，其他來不及送到，所以觀眾就吵著要退票。這是香港開埠以來第一次（笑）。以後我的戲，戲院都要求拷貝一定要完整到了才會放映。

董：你電影裡常出現一些數字、時間，譬如一分鐘，或二〇四六年。這些意象，有一種時間的迫切感，很多人說是跟香港九七有關。你是有意識的嗎？

王：沒有，其實最主要是，不斷有人跟我說：ㄟ，你該收工了（笑）。**（董：那壓力**

不是很大嗎？尤其是到阿根廷去拍時，因為沒有明確的劇本，時間拖得很久，大家都很痛苦，梁朝偉後來說，他都買好機票計畫好偷跑路線了。）不單只是他們要走，是我把他們都帶到這地方，必須要負責，我還有一些事要解決，他們什麼事情都不能做，很無聊，而且不單是等，他們有的老婆要生孩子了。我們住在同一個公寓，問題還沒解決之前，我就一天到晚往外走，到外面的咖啡廳去想怎麼解決，我必須要離開，否則壓力很大，因為他們的眼神會告訴你：我老婆要生了。

董：《二〇四六》上映時，人家採訪你，你還很感傷地說，如果不是為了坎城影展，你還會再多拍一年。

王：對啊（笑）。坎城變成我們結束的理由。我不會感傷，我認為很多事情要逼出來的。**（董：你應該也很享受這種延遲的快感）**外面看起來好像很刺激好玩，但在那當下不可能。**（董：創作者當然很痛苦，但那痛苦也有很大的喜悅吧？）**所以我是一個賭徒，賭到最後一分鐘才會放手。**（董：你是在賭會不會有更好的東西出來嗎）**嗯。因為時間肯定是對你有幫助的，多幾個小時品質肯定會好一點。

2008.1

孤絕傳奇

葉世強

葉世強一直是個傳奇。藝術界都知道這位身世與個性都奇特的老畫家，只是多年來，人與畫都不得一見。他從不辦展、更不賣畫，一向隱居在山間，靠教畫、做古琴為生。二〇〇六年他八十歲，第一次結婚，〇七年我們採訪他，那是他第一次舉辦個展。過去不賣畫，「因為賣畫對創作者的影響很大，畫的時候心境會不一樣。除非很能把持，能做到可賣也可不賣，即使賣了，也不是用來享受的。」

葉世強二十三歲讀廣州美術專校，和兩位同學決定離開學校出去看世界，寫信給父親辭別，父親特別為他餞行。三人原要去敦煌，但因國共內戰無法成行，便先到台灣，結果一去再不能回頭。

多年來他隱居山林，以強悍的意志創作、生活，不知低潮為何物。他說，潦倒時最能創作出好作品。他於二〇一二年六月十一日去世。

「這張畫得很好……。」下一張：「這張很成功……。」再下一張：「這張也表現得很好……。」一位枯瘦的老人在國父紀念館中山畫廊裡，對著一群群他不認識的觀眾，緩慢而詳細地解說他的每一張畫。先不說一般畫家都不會這樣解說，只看他稱讚自己的畫好，就有點奇怪。但看他神情，又是那麼自然中肯，既不謙虛，也不驕傲，彷彿只是敘述一個有如「今天雲層很厚」這樣的客觀事實。

這位八十一歲的老畫家葉世強，在畫廊裡同時有兩個展：一是西畫，一是國畫。數十年來，他在藝術界一直是個傳奇，只是見過他的人很少，看過他作品的人更少。他從不展覽、絕不賣畫，隱居山林，以教畫、製作古琴為生，同時創作不輟。他去年第一次結婚，在妻子與學生們的勸說下，漸漸的他願意走出來，最近，他辦了生平第一次個展。

雖然知道他隱居多年，但我們自我介紹時，看到他有禮貌又茫然地表示沒聽過《壹週刊》時，我仍十分吃驚。後來有位電視名嘴慕名來看畫，指名見他，他去打招呼，回來也說不知對方是誰。沒想到台灣雖小，卻仍有人能完全避開電視、報紙。葉世強像是直接從長白山上走下來的老人。他的天上一日，是我們人間三年。

一切都很新奇。看到自己的畫受到觀眾喜愛，葉世強很高興，每天吵著要妻子開車載他來展場。他說前兩天有個在服飾店工作的女孩來看畫展，「她說很感動，回家哭了一晚。我就寫一篇書法送給她，用我的書法換她的眼淚。」他很大方，不去計算他的字以後流出去會有多少價錢。

但另一方面他又很小器。他從大陸來台，讀師範學院藝術系時，一次師生聯合畫展他有兩幅畫參展，當時的系主任、也是蔣宋美齡國畫老師黃君璧，邀請外交部長葉公超看展，葉公超很喜歡葉世強的一幅作品想買，黃君璧便幫葉世強答應了。有同學跑去恭喜葉世強，葉世強一聽很生氣，決定當天退出展覽。

黃君璧很尷尬，百般勸說，葉世強說，那只好把畫送給他。不久系上有同學犯事打官司沒錢，葉世強就把畫交給那同學說：「你拿給葉公超，他給你多少錢你就拿去。」畫究竟賣了多少錢，葉世強說：「我不知道，他沒跟我說。」

為何不賣畫？如果他當初賣給葉公超，並由此牽上各種關係，他恐怕早已家財萬貫，又何必幾十年來孤單冷清地在山野之中辛苦地生活、創作呢？他說：「我做古琴賣可以生活，就不需要賣畫。能夠不賣最好不賣。一個作家（創作者）應該愛惜作品，作品就是生命，就是子女。賣畫對一個作家影響很大，因為畫的時候心境就會不一樣。除非很能把持，能做到可賣也可不賣，即使賣，也不是用來享受的。」

他的手巧，許多家具、小物件都自己做，古琴也是看書學會做的。他在外面看到適合的木頭就撿回家，製一座要十幾年，約賣十五萬元。為何這麼久？這樣怎麼生活？「做好要放著，等它變化。買的人不太多，但足夠生活就好。我還兼教課啊，我不想花太多時間，一個禮拜只賣一天半的時間。」

葉世強講話不像現實世界的人，好像他是從深山裡發話，隔了很久才傳到這裡。花蓮教育大學美教系副教授潘小雪認識葉世強多年，她說：「葉世強始終是沈默的、隱藏著、消失著的人，他好像得到失語症似的，他說話，好像第一次說話，他畫畫寫字，好像從來沒有畫過，他一直處在前反思的、蠻荒的、與世界做原初接觸的狀態……」

潘小雪學生時代曾經去葉世強位於新店灣潭住處拜訪。那地方偏遠得必須人工划渡才能抵達。她描述當時所見：「……沿著田埂來到紅磚屋前，熱氣、潮濕、焦黑的青苔隨處在圍牆與穀場上。院子有點荒蕪，主人並不刻意整理它，自然而然的，有菊花，但沒有修剪。葉世強小心翼翼站在窗後觀察訪客，有時把『會客十分鐘』的牌子掛起來，大家就知道不可久留。屋內任何東西都是他手工做的，稻草編的蒲團、手工修理的桌椅、棉紙糊的燈籠、柚子皮做的碗、未完成的古琴、鍋子上的月餅、屋簷下的臘肉……。」

說到「會客十分鐘」，葉世強說：「年紀輕時，我把自己前途看得很重很遠，我發憤要用功，需要很多時間。朋友來訪，主要是聊天，聊天就無聊了。」

這次展覽的特殊處在於：這裡像個尋人中心。太多人平常見不到他，就來這裡找他，我們的訪談因此時常被迫中斷。或有不認識的人來與他聊天，他會先保持禮貌做傾聽狀，後來便心不在焉，似是沉到自己的世界裡。他孤僻但不寂寞，他不需要，也無法與人聊天。

葉世強便是一九八〇年代住在灣潭時，認識現在的妻子林如意，二人去年才正式結婚。但這一切，還要先從之前那段曲折悲傷的故事說起。

葉世強一九二六年生於廣東韶關，曾祖父是舉人，父親是末屆秀才。父親思想前進，大量吸收西方知識，後來曾以西方學制辦校。葉世強進廣州藝術專校西畫科不到一年，一九四九年端午節前夕，他和兩位同學決定放棄學業，走出象牙塔，出去看山看水、看天與地。三人分別寫信給自己父親辭別。

另兩人的父親非常反對，只有葉世強父親到學校找他，帶他去吃飯，舉杯為他餞行。三人本來要徒步去敦煌，沿路寫生，但因國共內戰無法成行，便改道先到台灣。

未料戰況日益激烈，一去就回不了頭。

說到後來再沒見過父親，葉世強突然雙手掩面哭泣，非常傷心，無法停止。一旁妻子林如意說：「他每次講到父親就會哭。他在家裡擺著父母牌位，每有一點成就，就會告訴父母。」

終於他緩和下來，眼淚還掛在臉上。葉世強說，本來是不唸書了，但在台灣得找地方住，師範學院是公費，以他的成績原本考不上師大美術系，考術科時有位老師黃榮燦看到他的作品很欣賞，特別幫他，才獲錄取。黃榮燦不久後以匪諜罪被捕槍斃。

「他非常有才華，但也是真的匪諜。他很清楚我，過一段時間一定會跟我透露。他被捕後曾寫信給宋美齡的老師、系主任黃君璧，但沒人願意保他。如果我是黃君璧我就會保他，即使他是匪諜。因為他是個人才。」

葉世強覺得自己有才華，也特別尊敬有才華的人。他覺得匪諜案自己能夠無事，「可能是調查局詳細調查過，知道我沒關係。或者他們漏掉我也說不定。我這一生，常被漏掉。」

他讀師範學院許多課從不去上，多科不及格，重修三年仍不過，不能畢業。他原該賠公費，但因為重修科目太多，校方搞不清楚狀況，因此漏掉他沒讓他賠。又因他沒畢業，兵役科也搞不清楚，也漏掉他，他便沒當兵。他妻子說：「他沒畢業就離開，到鄉下住，多年沒跟人聯絡，人家就以為他死了。」

葉世強讀師院時與學妹相戀，對方家長激烈反對，說：「女兒嫁給外省人不如剁給豬吃。」受此打擊，葉世強更發憤努力。

後來他搬到新店灣潭租屋，鄉下風景自然天成，他也懂得布置，有畫有琴，有花有樹，吸引了來附近遊玩的林如意。林如意年輕守寡，兩人相戀。但林如意受不了他孤傲、自我中心、壞脾氣，三十多年來，二人幾度分手。

最後一次分手不見面長達十多年。那時早已搬到北海岸水湳洞的葉世強，獨自住在海邊，不與鄰居往來。有次菜販多日不見他，在他窗外探看，發現他病倒在床。後來葉世強的學生把他接到花蓮，他在花蓮又度過十年。直到二〇〇四年他與林如意又聯絡上，二年後結婚。婚禮上，新娘戴著丈夫為她親手做的美麗白帽。

這幾年葉世強改變了一些。過去他不與人來往，不給人看畫。林如意說，他防備心很重，怕自己的畫會被偷走。後來她建議他把畫拿出來展覽、賣畫做公益，他答應了。現在問葉世強，百年之後這些畫要怎麼辦？他說：「我會把畫散布到世界，或捐或賣，蓋養老院、孤兒院，另外我也準備蓋我自己的美術館。」

妻子是吃素的修行人，而葉世強則孤傲、不在乎人情世故、吃葷（雖答應妻子一起吃素，但仍常偷吃肉），妻子只好承擔他的人情世故、做他俗世的平衡，但奇怪的是他更像個修行者。八十一歲仍有堅強的意志力與旺盛的創作企圖。他作息也與常人不同，不分晝夜，累了就睡，睡了一會兒起來吃飯，吃完就去畫畫，不畫畫時，就做別的東西、修理房子。

他今年初膽結石住院，起初因不肯開刀，幾乎死了。在這之前，他唯一的嗜好就是抽新樂園。有次抽菸差點燒掉佛堂。妻子不准他再抽，把菸藏起來，「他就坐在地上跺腳，要不然就摔書。」妻子說：「我說，你摔書，畫畫就畫不好，他才不摔。」

葉世強說，年輕時在復興商工兼課，某次跟校長拍桌子吵架辭職不幹，結果失業潦倒，又偏逢失戀。「真正的作家創作最好的時候，都是他最潦倒的時候。那時有個大寒流來，我騎腳踏車到觀音山寫生，我一個人靜靜在那裡畫，冷得乾乾淨淨，窮得乾乾淨淨，肚子裡沒有一點油水，也沒有遊客來打擾，我才體會到真正的創作是這樣，而且那是一種說不出來的很高的享受。」

葉世強有錢時畫油畫，沒錢時畫國畫。他的畫都很巨大，往往是在廣闊的天地之間，一個渺小的人、鳥、物。他有張自畫像「我」，是一隻蜥蜴昂首天地之間。看來孤絕而滄桑。

應我們要求，葉世強帶來一支細瘦的簫，是他大哥在大陸時送他的，已有六十多年歷史。妻子說他從前每次離家出走都一定會帶著。那是他與過去的唯一聯繫。簫原本是竹子原色，如今已變成深茶色。他試著吹給我們聽，但他大病初癒加上許久沒練，吹了兩聲就放棄。不知為何，那簫聲幽幽，好像一直留在空氣中，至今都未曾散開。

2007.9

面對現實

蔣友柏

蔣家第四代蔣友柏在這次訪談中，第一次提到了「我家人曾經迫害台灣人民，後來被逼出去。我們不能總是對以前的光榮無法忘記，無法接受批評，總要有人出來接受這些事情。」說這樣的話，也許是為了公司的發展，但不論如何是蔣家唯一為過去罪惡做出反省的人。他的設計公司，後來也做到了他的曾祖父蔣介石當年做不到的事——進軍中國大陸。

他的生意頭腦又發揮在七年後他的「戰爭美學」服裝設計展上，當時引來歌頌戰爭的批評，以及高度的矚目。顯而易見，他是蔣家最有現實感的人。

蔣友柏的座位右後方，有一排「愛麗絲夢遊仙境」裡的「笑臉貓」公仔，整齊排列令人想到他曾祖父蔣介石從前的衛兵。時代真的不同了，蔣家人一一列隊進入歷史，到了第四代蔣友柏再出現時，衛兵變成了公仔，銅像變成了銅塊。銅塊沈重時壓得他喘不過氣來，但銅價上漲時，卻可以拿出來賣錢。

這至少是「蔣家光環」目前對蔣友柏的表面意義。三年多前蔣友柏成立橙果設計公司，現在，公司不但奇蹟似地沒有像許多其他設計公司那般不支倒地，反而業務擴增許多，最近還準備往中國大陸發展。

「過去三年我們儲備戰糧，現在我已經準備好了。」公司最初七人現在四十人，他說去年營業額七千多萬，不過開銷也大，目前算是可以打平。

三年反攻，蔣介石當年做不到的事，蔣友柏準備要做了。是把台灣當跳板嗎？蔣友柏立刻正色道：「台灣絕不是跳板。台灣是我永遠的家。這裡是我的開始，也希望是我的結束。大陸只是必須進入的市場，你進去才可能主導亞洲的某些趨勢。」

他承認蔣家的背景對於他去大陸是一項優勢，「一定是話題。」他可能是做生意久了，很可以清楚分析自己的價值，蔣家是家人，也是品牌，「生在這個家庭，我很清楚品牌價值是什麼，一個品牌的資源雖然豐富，但卻不足以塑造另一個品牌。很多人不知道，那些資源到最後並沒有幫助我現在做的事，它並不是一個實在的東西，它只是給我訓練的機會。所以這五年，我就去做很實的東西，希望自己的內涵足夠支撐這個品牌。」

蔣友柏一副在商言商的模樣，對照著他看起來比三十一歲還年輕的臉，十分有趣。他平常只穿T恤、牛仔褲，這天特別穿上襯衫。他是美式作風的CEO。看起來野心很大，講了許多他的經營理論，然後說：

「蔣家再起，不會從政治起來，而是會讓大眾真正瞭解這個品牌的厲害。品牌一定有做對做錯的時候，以我的角色來講，我要好好做好『我』。如果我做到了，人家就會給我機會坐下來談。」

也許是做生意的歷練，蔣友柏的現實感很強。「這幾年我慢慢思考一些事。我家人曾經迫害台灣人民，後來被逼出去。我們不能總是對以前的光榮無法忘記，無法接受批評，總要有人出來接受這些事情。」

他的實際與坦白，頗令人意外。究竟是經歷了什麼，才使得這個從前「夜夜夜店」的貴族公子哥兒，可以開始反省，且願意說出口？

蔣友柏的父親是蔣孝勇，蔣經國最小的兒子。一九八八年蔣經國去世，蔣友柏十一歲，全家移民加拿大。如此離開，總有一點倉促逃難之感。蔣友柏那時還小，真正的難題是父親一九九六年病逝以後才開始。

那年他十九歲，紐約大學金融管理系三年級，回台參加完父親葬禮，就放棄學業了。「我爸去世後，我突然覺得什麼都沒有了，錢也沒有，人也沒有。」不太可能沒留下錢吧？「錢有一點，但遠比你們想像的少。真的。我也不知為什麼。我就無心讀書，滿腦子想著該怎麼辦。」

他十七歲起經朋友介紹開始做投資，輟學後也就繼續操此業。那幾年他賺得多，花得也快，他鑽研紅酒、高級俱樂部的門房都認識他、隨便吃一頓法國菜要二、三萬元。這種生活持續到二〇〇一年他被美國公司派回台灣，之後他辭去工作，然後有一整年無所事事地晃蕩，泡夜店，然後遇到現在的妻子林姮怡，他才穩定下來，在母親開的幼稚園當顧問，創立設計公司，人生就此改變。

對於以前，他先以「不知羞恥的奢華」形容，然後又另做解讀：「正因為我過過那種生活，所以我瞭解什麼是我自己的品味，所以才會開這家公司，這也是個好處，哈哈。」

至於妻子，「她的觀念跟我很不同，讓我看到很多新的東西，對我的價值觀影響很大。她很平實，要的東西很簡單，但這往往最難達到。譬如她不要錢，她需要我好好照顧她、照顧家、跟她有好的互動。這些都讓我思考很多。」

蔣家族權力的迅速式微、父親過世，都迫使他思考自己的位置與出路。這幾年對蔣友柏是個從虛到實，從雲端降到人間的過程。他的現實感也是這樣培養出來的。相較於父親仍擁有權力的連勝文，蔣友柏顯得更能面對現實、更有野心要靠自己創造一番局面。

說到他的野心很大，他一副「你不知還有更厲害的」表情，說：「我的野心啊，兩年內，我要成為所謂的 brand behind the brands。就是一個既有的品牌，已有一定的影響力，但它還是需要設計，因為要提升形象，我就是這個操盤手。這幾年我接了幾個案子，英特爾、捷安特都是。」

說話間，蔣友柏喝著蒲公英茶，他說為了提升免疫力，也為減肥。他體重標準，只是跟妻子打賭一個月減八公斤，挑戰不可能做到的事，藉此鍛鍊意志。「當你在做事時，要忌口，要運動，要持續，這很難。先設定目標看會不會達成，如果達成了，你會充滿自信。」

他時常設定小目標來鍛鍊意志，譬如要求自己三個小時內完成一個案子，或每天下午兩點前要完成工作下班，因為他要陪太太、接小孩、整理魚缸、狗窩等，然後十點鐘妻兒睡了他再繼續工作。

他的意志力還展現在不怕痛上。他身上有八個刺青，計有：龍、玫瑰、獅子、鳳凰、猴子、羊、柏樹，和新刺的一隻老虎。他說只是為了提醒自己發生過的事，還有期許。他有點羞赧：「譬如老虎，代表創業三年後，所有的基礎都到位了，要開始真正做一番東西了。」

我很好奇他看到前陣子倒蔣、挺蔣新聞時有何想法。他說，「我會悲哀五秒鐘，然後快樂十秒鐘。」他說到不久前三立電視二二八影片造假事件，覺得國民黨很笨，「國民黨有沒有殺人？有，這是事實，所以在上海殺還是在台灣殺不重要。笨的是，二二八平常都是二月吵，你五月還吵二二八，當然是民進黨贏！因為把二二八的時效性往後延了。」

「以這觀點看，不管倒蔣挺蔣，都不會造成太大衝擊。悲哀只是身為家人的悲哀，但快樂，是因為在市場中，我還看得清楚你們是這樣想的。」

他也主動說出對目前檯面上國民黨菁英的看法：「他們以前被送到國外讀書，回來後沒有把民主觀念帶回來，只是在現狀裡扮演一個角色。就像是我回到一家公司，這家公司的策略是這樣，我就這樣走。You are offering nothing. You are only offering things according to your own reward. 就是我想要得到什麼所以我就怎麼做。我覺得這不一定是正確的。」

既是好丈夫、好爸爸，那就說說對愛情的看法吧。蔣友柏快昏倒：「我都是裝的！」然後又正經起來：「我是摸著石頭過溪，一步一步走，我不會跟老婆講，妳看這溪好大啊，先蓋一艘船，上面有游泳池⋯。會不會沖走？一定會。我們一步步來，至少可以走得很遠。過了，拍拍手。走不過，也是現實。」現在的蔣友柏，對現實的理解是非常清楚了。

2007.5

永遠在戰鬥

李登輝

前總統李登輝已高齡九十六歲，雖然下台多年，心臟又裝了多支支架，影響力卻總能發揮到極致，是台灣政治的奇蹟人物。在二〇〇七年初春的這次訪談中，他承認自己年輕時曾加入台共組織，也透露了年輕時學農業經濟曾想去中國大陸發展。他一生以左派自居，希望未來與妻子去一戶戶拜訪窮人，瞭解他們的需要。他最難過的是，台灣民主化之後，台灣人民卻不幸福。他腦筋清楚意志力堅強，只有講到黑金一事時，才變成健忘的老人。

我們走進那扇白色大門，就是電視裡常出現的，李登輝總是站在門口送客。白色大門有如蚌殼吐出一些政治人物：仰慕他行止的、倚賴他生存的、請他政治加持的。由於這扇門太常出現在電視裡，它就變成了一個權力舞台，訪者與被訪者都樂於站在上面，展示自己與權力的關係。

至於我們能進入這道門採訪他，據李登輝身邊的人說，因為他認為《壹週刊》是年輕人會看的雜誌。

客廳裡的高級義大利家具，是孫女李坤儀留學義大利回來開家具店賣的家具。幫孫女捧場的阿公李登輝笑嘻嘻道：「很貴哦！」這位八十四歲的老人，穿著白色細黑格夾克、折線立體的深灰呢褲，白髮稀疏卻梳得整齊，露出兩隻相當大的耳朵。他去年五度入院，這天看來卻像剛參加老人健康比賽回來，之後的四小時裡，他侃侃而談，只喝了一杯茶，沒離開過座位。

也許是為了憂心台灣社會發展，也許是為了籌組新政黨要吸引更多有志之士，也許是為了年底他的新政黨的選舉，李登輝在這次採訪中，說了許多出人意料的話，他說：「你們來剛剛好，我想藉這個機會把很多問題澄清一下。」

他說：「台灣早已是主權獨立國家，我不必追求台獨。」「中國大陸對台灣的武力愈來愈強，台灣最怕的就是 sudden attack，突擊的時候你怎麼辦啊？」「兩岸投資應該雙向開放。」「我怕台灣這樣下去會變得獨裁，希特勒就是用威瑪憲法，他自己本身也沒有拿到一半以上的投票率，用他的納粹黨一步步修改憲法，變成一個獨裁國家。」

雖然有些話聽來相當的「昨非今是」，但李登輝如今講這些話，的確直指台灣目前最迫切要解決的問題。執政黨、在野黨都無能解決問題，他便要出馬再組新黨，新的政黨中間偏左，希望照顧中產階級、弱勢族群。李登輝說：「民主化以後，台灣人不幸福，這確實是我頭很痛的地方。」

李登輝真的很急，心臟裝了六個支架，過去他常說：「如果我還有十年。」現在距離他說這話，又過了幾年。有位與他打過高爾夫球的人說，某次李登輝把球打到樹林裡，一般人會先把球打出來，再攻果嶺。李登輝卻是從樹林直攻果嶺，而且竟然成功。別人說：「李先生你真拚啊！」李說：「不拚不行啊！」

他晚年仍勤奮讀書，有人在日本幫他選書、買書，定期寄來。也因此，他講起許多英文詞彙都頗令聽者頭痛，要猜測那日語口音甚重的語詞究竟為何。

他對於有興趣的問題研究甚深，講到過去歷史他記憶清楚，說到高科技、經濟、農業的最新發展他知之甚詳，提到宗教、哲學他也談興甚濃到令我們心焦。不過很令人意外的，他說：「我讀高中時，就想中國人實在很可憐，中國人在幾百年的歷史中，走不出自己，我讀農業經濟，本來想去中國大陸發展的。」

他的新政黨走的路線是中間偏左，因此使人想起他一直未公開承認曾加入台共的背景。問他是否參加過台灣共產黨，李登輝說：「共產黨？我不是中國共產黨耶。」那台共呢？「嘸呢。我年輕時研究馬克斯理論，有些人要我參加。後來他們都被抓，我跟他們在一起的時間不長，跟他們也沒關係，我們是新民主同盟。」究竟有沒有加入？他有些勉強，「我就加入在台灣，少年仔四、五人自己組織的，讀書會的程度是有啦。這些是有影啦，但跟中國共產黨沒關，是新民主同盟，後來我離開了。」

李登輝生於日據時代，去日本上大學、當過日本兵，他曾說：「我二十二歲以前是日本人。」說到晚年情感上的依歸，是偏向日本還是台灣？他說：「不一定，我曾經是社會主義的人，怎麼會偏向日本？日本、台灣、中國都有好的地方，不是日本就什麼都好。」他說一九四五年三月十日東京大空襲，死傷慘重，他在高射砲學校，學會災難中如何救人。「這個經驗對我的幫助，就是九二一地震。那時做兵不是只學互相殺人，或間諜活動，而是怎麼處理死人活人。」

又說起他甚少提到的母親，「我母親四十歲出頭就過身了，大家愛問我，究竟我脾性、教育是誰教的，我說是我母親，她很嚴，我爸爸浪漫得不得了，家裡都是媽媽管。少年時，我母親跟我說：『做事情要理性，不要那麼浪漫。』她長得比我爸爸高，有人說李登輝是他母親跟日本人生的，我說亂講話，他們因為我常說日本好話，就說我是日本人私生子。」

母親教他要理性，這影響他很深。談話間，除了偶爾稱讚自己的政績，他都十分理性，只有談到家族癌症病史時，才流露出一些感傷：「我祖母肝癌，我母親子宮癌，我大哥家幾個人都是肝癌，我大漢的（長子）三十多歲得癌症走了，我沒有，就像抽籤沒抽到。」他有一點悲哀。獨子李憲文三十二歲得鼻咽癌去世，那時孫女李坤儀才七個月大。

因此他特別疼愛李坤儀，送她去英國政經學院讀大學，又去義大利讀時尚設計碩士，去年回台。她母親開家具店，李坤儀在大直明水路也開一家。李登輝說：「她喜歡做生意就做生意，我上次去，看她很有禮貌在跟一些客人說明家具，我看不錯啊，姿態很低，幫人服務，這很好啦。」

結婚呢？他彷彿感覺到有男人在門外徘徊等待，語氣聽起來不太開心：「還早吧。現在才二十五歲，起碼也要等公司做到不錯才說結婚，結婚是有需要才結婚，對不對？不用勉強啊。我是這樣看。我不會說女人是生孩子的機器（這是呼應日本勞動省大臣最近說女人是生孩子機器的話），她可以自由發展嘛。」

受日本教育的李登輝說這樣的話，可說是十分開放。他喜歡吸收新知、瞭解百姓生活，他瞭解百姓生活的方式很有趣。根據轉述，有時李登輝會打電話給幫他做事的年輕人聊天，問他們平常在哪吃午餐、吃什麼、一餐多少錢，最後他說：「我有一些摩斯漢堡的禮券，可以給你們用。」

又某次，他出席一項活動，遇到一位自己創業的年輕人。年輕人後來在某個午後接到一通電話，對方聽到是他本人接電話，便說：「你是一人公司哦？」這位年輕人頗不悅，回說：「你是誰？」對方說：「我是李登輝啦！」把他嚇了一大跳。接著李登輝問了他如何創業、是否成家，又與他聊了一個小時的哲學。

這些故事一方面說明李登輝關心社會、對人好奇，另一方面看來他也頗寂寞。退休意味著頓失權力，他的失落感可以從他從未真正退休看出來。而生活中，能與他對話的人也太少。崇拜他的群眾年紀愈來愈大，老人們無法作為，也不能真正瞭解他。

去年李登輝身體不好，今年身體感覺很好，他戰鬥力又來了，他說：「你知道嗎，台灣年輕選民有一千萬人呢，但領導者都只在乎藍綠鬥爭，台灣的大學有一百多家，職業訓練沒有了，大學生畢業找不到工作，他們的未來在哪裡？」

他說這幾天他妻子曾文惠讀了一本日本出版的書《貧窮的家》，「我問她：台灣究竟有多少貧窮的人，住在哪裡妳知道嗎？她說她不知道。我想，不知道，我們來從台北市開始，一個地方一個地方來訪問，這些人需要什麼幫助、小孩子讀書怎樣、營養午餐怎樣。許多問題應該有，但是貧窮的人在哪裡我們找不出來，沒有去看嘛。在那裡高高在上講話沒有用。台灣人現在有錢人和沒錢人差很多。問起來他們怎麼生活？他們說，過去賺的錢拿出來用。」這便是他要重新改造台聯黨的起因。

說到年輕時學劍道，李登輝笑說，從前他劍道只有初段，最近他擔任劍道會長的同學，竟要升他為七段，他覺得十分有趣。他又主動提起政論家司馬文武曾說：「李登輝對國民黨，就像日本劍道對太極拳，思考邏輯和反應模式完全不同，國民黨大老對劍道毫無所知，對李登輝無法防備，等發現他出招時，戰鬥已經結束。」他笑嘻嘻說那是開玩笑。

但顯然他很認同，因為接下來他說：「但說到劍道，我少年時很勇，一個人可以對付五十人，是怎樣呢？你就不要用力嘛。他來，你就看他哪裡有破綻，一手就下去了，這樣也很簡單，不必費力，一手就倒了。」但別人也會攻擊你啊，「對啊，那你閃就好了，利用他在動時看他破綻給他修理就好。」

雖然經歷過二二八事件、參加過台共外圍組織，李登輝後來因為在美國優異的論文，受到蔣經國注意，受邀回台擔任政務委員，也加入了國民黨，與不肯做官的台籍菁英彭明敏等人走了不同的路。

一九八八年蔣經國去世，李登輝接任總統，面對虎視眈眈的舊勢力，李登輝後來在對日本極右派漫畫家小林善紀回憶他如何化解困難：「當總統還是要先掌握軍權才行。」他說，當時他處處皆敵，「其中還有在軍中擁有絕對權力的人物（指郝柏村）。他當了八年半參謀總長，幾乎把軍隊都納為己有，不過我二年半就讓他下台了。」

李登輝說他的手段是，當總統一年後，他升郝為國防部長，使他無法直接指揮軍隊，當時蔣宋美齡還對李登輝施壓。宋美齡只會講上海話和英語，李宋兩人便講英語加上筆談。李登輝說：「言談中較重要的地方，我拜託她：『能不能請妳把剛剛說的寫成紙條？』到現在為止，當時所寫的字條我還保存在保險櫃中。」後來李登輝又繼續把郝柏村升為行政院長，讓他全然脫離軍方，最後讓他下台。這是李登輝有名的「杯酒釋兵權」，他也聰明地讓蔣宋美齡留下字條做為證據。

但他自己則向來很小心絕不留下任何白紙黑字，也因此與弊案從來沾不上邊。問他對於任內後期被批評為「黑金政權」的感想，他搖手說：「嘸影啦，哪有什麼黑金？民進黨專門在說我黑金，那現在誰黑金卡厲害？那時也沒說什麼交際誰交際誰，沒那個可能。有人說，我被選出來後，沒什麼改革的事，改革不是這樣，如果常換常改，老百姓受不了。這種事要一步步進行。說我黑金，誰說的？那時也發生一些金融的事，主要是台灣的泡沫破壞，地價落、股票落，亞洲金融危機也來，是這個情形，我跟生意人也沒有特別的關係。」

那麼他的親信、國民黨黨管會主委劉泰英的角色？「劉泰英本身，是黨的那個嘛，他又在中華開發銀行，他那時有招待所什麼的，我都不知道。後來那個什麼案……」他總是記不得「新瑞都」三字，「政府的政策，桃園一間、南部一間，這樣發展才行，這個問題本身，黨投資三億現金，需要主席批示，有的是用股票，股票不用主席批，現在問新瑞都案怎樣，我不太瞭解耶……。」

李登輝已經八十四歲了，黑金的說法應該一點也不困擾他。就在剛剛他還說：「去年身體不好，可是我感覺今年身體更好了。最近天氣比較冷，我想下禮拜要去大溪打球，不運動不行。」

2007.2

憂鬱舞者

林懷民

林懷民不跳舞很久了，他早已是國際舞評人公認的亞洲最偉大編舞家，但身體還是舞者的身體，他背脊挺直，走路有力，透出一種「鋼鐵般的意志」。

外面看他風光熱鬧，每年有新作，不斷出國巡演，但在我們採訪他的二〇〇六年尾，他卻覺得自己人生來到一個無聊時期。他不再嚮往旅行，很少有驚喜，不敢看新聞，作品裡出現黑雪、黑洞。

他發現那是台灣社會的折射。他對現狀灰心、失望、無力，甚至懷疑自己當初創立雲門舞集貢獻社會的夢想，至今是否還有意義。如今距離那時又過了十年，雲門也歷經了一些波折，幸而他依然屹立不搖，依然是台灣社會的堅強支柱，我們何其幸運有他。

終於來到了人生的無聊時期。林懷民坐在雲門舞集八里排練場的工作桌前，指導舞者排練即將要演出的新作《風・影》。雲門一年之中大約有半年在國外演出，不出國時就每天照表排練。林懷民沒用麥克風，但沒人聽不見他的指令。

雖然很久不跳舞了，但他仍有舞者的身體，背脊挺直，走路快而有力，每一步都沒有模糊地帶，由內透出一種「鋼鐵般的意志」。我這樣想時，他體貼地說：「不用脫鞋了，我怕地板太涼。」

排練時他大概怕我無事可做，偶爾轉頭跟我說幾句。看到男舞者們揹著輕飄飄的翅膀跑：「我好喜歡看這個。」別人在幫他計算舞者動作的節拍：「所以，不是藝術，是數學，這是我最不喜歡的部分，但觀眾不應該感覺到數學，應該感覺到呼吸。」一個動作調整多次：「台上十秒，台下常要三、四小時。」完成許多動作：「其實編舞沒什麼偉大，我們就是編織工、手藝人而已。」最後，他皺著眉：「蔡國強一定滿意死了。」

這次他請來國際著名爆破藝術家蔡國強，蔡出點子，林將之轉化、實踐。二巨頭合作，製作出雲門有史以來耗資最大的舞作。

排練告一段落，休息一小時，便是我們的訪談時間。他看來很平靜。這大概是一九七三年他二十六歲創立雲門舞集以來的三十三年之中，接受過的第三千七百二十四次採訪，大部分的問題恐怕與以往無甚差別，我不禁替他也替自己悲哀起來。

悲哀使人語無倫次，一開口便問了原該晚一點再問的問題：「你今年六十歲了……」他突然咳了一嗽，說：「再三個月滿六十歲。」說完他突然小嘆一聲：「啊，再三個月就六十歲了！」是在感嘆青春消逝嗎？他說：「我沒感覺到青春如何，我感覺到無聊。」

「因為事情都一樣。」他說。他現在還在時差中，前二個月，雲門去倫敦十天，東京一週，回台北一週，芝加哥一週，柏克萊一週，回台北一週，現在在這裡。「你看我的行程表，這禮拜算是很輕鬆的。」我看到上面排得很滿。「反正時間到了，行程表上的每一個洞，我就可以，去做。」

雲門總是在旅行，生活變動應該很大，但對他來說，太多的變動等於一成不變。「在國外，如果觀眾每一場都站起來拍手十幾分鐘，就沒什麼太大感覺了，只覺得滿好的，很順利。如果演得不好，也沒時間難過。然後我要問舞者什麼時候去什麼地方，因為我都不記得，也沒時間回味、反芻、後悔，因為它是一個車子這樣在走。」他比畫著車子行進，「現在已經排到二〇〇八年了。」

縱使他的話中透出一點點驕傲，但更多的還是疲累。前陣子朋友從國外回來，見他狀況不甚佳，勸他去休假，並問他想去哪。林懷民怕人聽見似地悄聲說：「我說：『我不知道要去哪裡。』朋友說：『你真的生病了，你總有個渴望要去的地方吧！』」他哈哈笑起來。從前他休假時最常去印度，去年他去了，但才待了二、三天就想回家，於是就回來了。

「現在能讓我開心的就是一些小事。在家洗個碗啊，或是終於啟動新買的洗衣機，就很開心。我很少出門，我表妹從美國來，我送她去忠孝東路和朋友會合，我就坐在捷運出口，覺得好好看。她說有什麼好看？我說我很多年沒來這裡了，不知道街上人家在過什麼日子。她們走了，我就坐在地上，抽著菸，看一張張臉過去，那天晚上我很有收穫。」

林懷民長年住在八里，離排練場很近，與人群很遠，他一向只參加葬禮，不去婚禮，不得不去的場合，譬如雲門記者會，他就用一種戲劇化的方式參與。九月底雲門在嘉義排演，邀媒體來。舞者和媒體原在後台吃便當，他突然跳進來，大叫一聲：「大家好！」看到大家驚訝地看他，他立刻摀住嘴道歉跑掉。

但幾分鐘後，又聽見他在外面大聲罵一位工作人員。奇怪的是，其他工作人員都泰然自若，好像無事發生，沒人露出一絲不安。

原來大家早已習慣。「他現在好多了！以前哦……」認識林懷民多年的人，都異口同聲說，以前他是有名的暴君。多年前某次排練不順，林懷民氣得搥玻璃，現在手臂上還有疤痕。他面前的工作桌，便是眾人為了讓他衝上台指導或罵人之前有個緩衝、「可以多想一秒，要不要那麼傷人傷己」所設置的。

他身體裡似乎有兩種極端，一是極陽剛，一是極陰柔。暴烈時很恐怖，溫柔時他可以在女性行政人員忙碌時幫忙帶小孩。

此刻林懷民終於想起最近的一件開心事，便是他拍了汽車平面廣告。他立刻就答應要拍：「因為其他時間我們就像工蟻一樣。所以，意外的、天上掉下來的驚奇，就做做看嘛。」後來高額的廣告收入他全部捐給吃不起營養午餐、家貧的弱勢兒童了，這是負責幫他捐款的同事告訴我的。

但拍廣告並不影響林懷民對於廣告所反映的社會現狀憂心，他說：「現在的電視廣告都沒有生活的小東西了。只剩下汽車、洋酒、豪宅這些三輩子都買不起的東西。」

他一直都有某種社會主義情懷。例如，雲門每年四次下鄉戶外公演；雲門長年在社區和學校教學、扎根；他把他得到的國家文藝獎獎金，成立獎學金供年輕人做國外貧窮旅遊；他有計程車司機情結，他愛跟他們聊天，覺得他們是世界上水準最高的司機，他得國家文藝獎時，還邀請一位計程車司機頒獎給他。

林懷民出身「權貴」家庭，曾祖父林維朝是清朝秀才，祖父林開泰是留日名醫，父親林金生曾任嘉義縣長、交通和內政部長、考試院副院長、總統府資政。林懷民是家族長子，五歲看芭蕾舞劇電影《紅菱豔》愛上跳舞，十四歲寫小說投稿領到的第一筆稿費，立刻報名學跳舞，二十一歲出版第一本小說集《變形虹》，二十七歲出版第二本小說集《蟬》。

出身這樣的家庭，我們可以想像這位愛跳舞、寫小說的長子曾受到多大的壓力。後來他出國念書、二十六歲回來成立雲門舞集，有趣的是，十年後，他當選十大傑出青年，其實是為了父母。他說：「雲門第一次演出，就有長輩要推薦我選傑出青年，我說我剛回來還沒有做什麼怎能這樣？過了幾年，家裡有點焦慮，我就自己去跟青商會說今年我要當十大傑出青年，我就選上了，我父母就開心一點了，因為之前人家會跟他們講：你們那位跳舞的少爺怎樣？可是當選後人家就說：恭喜啊，你們當選傑出青年。」

講到父親，林懷民顯得很溫和，他說他的表現應該已經超過父母的想像了。父親晚年時對他很依賴，父親想去歐洲，母親不敢去，林懷民就自己帶他們去歐洲六星期，「他們都八十幾歲了，我寧可他在飛機上心臟病死，也不要他們因為沒去而遺憾。」結果後來是他對父母有遺憾，有次出門，母親說想在外面吃晚飯，林懷民說晚了弟弟會擔心，「後來我就很難過，那時為什麼不就在外面吃飯呢？跟他們在倫敦時，沒住好一點的旅館，後來也很後悔，為何當時不豁出去就多花一些錢住好一點呢？十年後還在想這些事。」

成立舞團的原因，如今聽來也很「古板」——是為了貢獻社會。他在書上寫過一段：「芝加哥遊行後（指海外左派保釣運動），我發憤讀書，辛勤習舞，希望早日回家，做個有用的人。回國前去歐洲痛快玩了一場，上飛機回台灣時，在洗手間哭了半天，覺得所有的好日子都過完了，從此要自己負起責任來。」

以他的出身背景與時代氛圍，貢獻社會是他天生的責任，當時鄉土文學運動如火如荼，他則在此同時自己想辦法走出一條前所未有的路，讓雲門在國際上漸漸闖出聲名。林懷民曾說，如果他沒成立舞團，很有機會在政府當時的「吹台青」政策（蔣經國刻意培植台籍菁英的政策）下從政。但他堅持不從。

為打破身體限制，他付出許多有形無形的代價，包括放棄從前熱愛的寫作。「當你有個文字的東西進來時，你就把身體限制住了。九〇年代以後，我終於把文字洗掉，我用二十年洗掉文字，然後舞蹈就跑出來了。以前我要做什麼時，滿腦子文字，現在我想上廁所、想走向冰箱，我是看到造型、畫面。花了二十年！」

洗掉了文字，但他有名的善用比喻的能力還在，這種能力也使得他教舞特別順利，舞者一聽就能領悟。「你的臀部落下來的一剎那，要像開汽水瓶一樣，『啵』的一聲，不要拖泥帶水。」「你的眼睛為什麼瞪得像鈕釦一樣呆滯無神？」「走路的時候要蓋章，重心要下去一點。」「你要像毛毛蟲變蝌蚪。」或者他向媒體介紹燈光設計張贊桃，「是贊成吃桃子不贊成吃李子的贊桃。」

洗掉文字也有後遺症。有一年他坐捷運遇到一位讀者，那人向他提起「莊世桓」這名字。林懷民想：又是個被我忘了名字的人。遂問：「莊先生在哪工作？」那讀者大笑，莊世桓是林懷民小說裡的主角。

三十三年之間，他走遍世界，台灣去不到的地方他都去了，且得了許多國際大獎和尊敬。所以，也可以想像，當他答應陳水扁擔任國政顧問團成員、以他的名聲為陳水扁的當選加分時，是怎樣地熱切期待想要貢獻社會。然而此時，他是如此的憂傷。

我又像醫生問診那樣問：那麼，你有什麼煩惱嗎？他搖搖頭：「基本上這很糟糕不是嗎？這樣講吧，不提台灣我都不苦惱，一提我就沒輒。」

「因為這整個問題是困境，你不知道往哪裡走，不能想，如果在家看一個晚上的電視，看完以後，要叫一叫才能去睡覺。這是我不能碰的，一碰要好幾天才能重整旗鼓。特別是你到國外，看到每一個國家都在驚人的進步，已經進步的國家還更進步。像中國就不要提了，他事實上並不像外面講得那麼進步，可是他還在進步。那我們真的是，不知道在幹嘛。」

「那我就會想，幹嘛要弄這個舞團？我今天退休，跟十年後退休，有什麼不同？這個舞團一開始的出發點是替社會做一些事，舞蹈只是一個媒介。常常不想做時，我就要面對年輕時的承諾。所以那個東西是支持我做下來的一個東西。可是現在我希望把事情單純化，我覺得我就是個舞團，我想起台灣我就沒輒。」

於是，漸漸的，這位亞洲最偉大的編舞家，作品裡出現了黑雪、黑洞，雖然依舊是那麼美，但他也終於來到了人生的無聊時期。

2006.11

導 演
舞台監督

比焦慮還多

李國修

屏風表演班創立二十週年，李國修也從三十出頭的年輕人，來到中年的五十一歲。他編、導、演、經營劇團，寫過三十個劇本，四十二歲得了國家文藝獎，許多紀錄在台灣劇場界無人能及。他纖細敏感、愛哭愛笑，寫社會百態，也掏挖自己的內在，如此不斷消耗自己，他幾乎得了憂鬱症。後來有次他在日本美食節目中，看到漁夫因天候不好不出海，在漁會裡把吊在窗邊風乾的章魚乾割來下酒。於是他在寫作低潮的這一年，有空便去各漁港買魚貨，加佐料煮過經六十小時風乾，他想像自己是個不出海的漁夫，因此快樂。他又決定戒菸，便想像自己是在坐飛機，所以不能抽菸。他說，焦慮與恐懼，是他不斷創作的原因。二〇一三年七月他病逝台北。

屏風表演班在地下室，進門後要經過一條長廊才能到辦公室，長廊的牆上掛著二十年來屏風數十齣戲的海報。編、導、演兼劇團總監的李國修，顯然很喜歡這長廊，把媒體採訪都安排在這。他的同事搬來一桌二椅（這在京戲裡象徵了一整個廳堂），是很刺激的藍桌布和紅漆椅。

如此，我們在這裡訪談，就好像是在演戲。長廊因這些海報而熱鬧，說話間，幾十齣戲的數百個角色的鬼魂，似乎都紛紛走下來遊蕩著，隨時靠過來聽聽我們在講什麼。

二十年前的一九八六年，一個做戲靴的老人的兒子李國修，成立了屏風表演班。這個表演團體曾叱吒風雲，雖有起落，但至今不衰。如今五十一歲的李國修，仍像二十多年前電視節目《綜藝一百》裡的那個年輕人一樣，講話快，焦慮而神經質。

「一九八五年，我三十歲，在《綜藝一百》做短劇，又演又編，編短劇很難，我心力交瘁，很低潮。可是在劇場，我剛做完《那一夜我們說相聲》（表演工作坊），是高峰，兩極交錯之下，我覺得應該停下來。」

在那個封閉的年代，沒有言論自由，只有三台，電視娛樂節目《綜藝一百》和形式新鮮又嘲諷的舞台劇《那一夜我們說相聲》，都帶給當時台灣社會極大的心靈撫慰，到現在許多人記憶猶新。

但當年李國修三十歲的危機感也非常實在。他去東京、紐約待了半年，看了許多劇場。「東京每天有兩百多個劇團同時在表演，非常不可思議，劇場可以吸引這麼多群眾！」回來以後，他決心要在電視和劇場之間做個選擇，他成立了屏風表演班。

那個時代，三十歲就可以做大事了。他憑著電視最受歡迎喜劇演員的聲望，和豐沛的創作力，每齣戲都吸引數萬觀眾。他以日本女學生井口真理子在台灣發生命案為背景，寫成《救國株式會社》，曾經連演七十場，連大年初一都演，此紀錄至今無人能破。

李國修不斷地演戲、創作，是因為：「我怕老怕死。我這幾年的作品，台上一堆老人，我怕老就先演老人，想知道老是什麼樣子；我怕生病，我在舞台上就被病魔纏身。因為這樣的恐懼而創作，觀眾會看到另一個李國修。」

然後他開始假裝他是觀眾，他說，有些人說：「他老了。他的調子變慢了，沒有以前富有想像力了。」又有些人說：「屏風第一個十年的戲都滿好笑的，但這十年來都比較低沉、陰霾。」

李國修站在觀眾的角度批評自己，可見他的焦慮。「我對恐懼、黑暗、陰影，有一種莫名的畏懼，基於這個畏懼我才會有這樣的創作題材，說我老的人都不瞭解我。他們要知道一個劇作家為何創作，這部分他們如果看到才會知道，李國修成熟了，他不像以前那麼玩笑、戲謔地面對人生了。」

觀眾不像以前那樣瘋狂爆笑，會不安嗎？「不會。我從一九九六年寫了半自傳作品《京戲啟示錄》以後，我跟我太太王月說：『現在我已經不在乎觀眾笑不笑了。』我以前很在乎，但我寫了我父親以後，我發現取悅觀眾是沒有意義的。我要的是我自己，我到底要敘述什麼樣的情愛和生命故事？」

李國修的父母從大陸逃難來台，父親靠做京戲戲靴養活五個小孩。李國修排行老四，童年在中華商場度過。他大哥二哥少年混流氓，父親對李國修唯一的期待，就是不要做流氓。

他國中時，有次問父親：「爸，你做戲鞋也發不了財，為什麼不改行？」他爸爸也不動氣，對他說：「你爸爸十六歲做學徒，就靠一雙手養活一家子，你們五個孩子到今天哪一個少吃一頓飯少穿一件衣裳？我改什麼行？X你娘的！人一輩子能做好一件事情就功德圓滿了。」

父親的最後一句話，影響他一輩子。而李國修用山東腔模仿的這段話，也出現在九六年他的半自傳作品《京戲啟示錄》中。他終於能夠把對父親的思念和愧疚，透過戲劇的形式表達出來，結果演出後大受好評。「我的朋友都沒問，但有觀眾問我：為什麼你沒寫你媽媽？」

「在我中華商場的成長過程中，我母親是個精神神經病，其實現在看來就是憂鬱症。這個部分我一直很壓抑，所以一直避談她，只要寫到我的家庭就沒有這個母親。」母親去世時他十八歲。他從組織屏風表演班起，到後來寫父親，「我都沒去問我大哥二哥，我媽媽過去怎麼了？」

「我躲了七年，到了二〇〇三年，我決定寫我母親，我問我大哥大姊二哥。我大哥說，我出生後一年，大廟來了個洗衣燒飯的女人，爸爸跟她有外遇，媽媽因為這外遇被刺激了，有一天兩個女人還打架。我成長過程中，我母親從來沒跟我談過，她是個壓抑的人，我愈想愈痛，後來寫成了《女兒紅》。」

小時候他在中華商場與玩伴捉迷藏，曾不經意躲入一個黑暗的大紙箱中，在裡面感到十分安全，這似乎成了他人生的某種象徵。現在他的書房也有三面屏風，寫作時坐在其中，便也感到安全。他總是需要安全感，朋友說起他，一定會提到一事，便是他只要去過一家可以繼續吃的餐廳，就會一直去，吃同樣的東西，直到店倒。去東京旅行，也都住從前住過的旅館、去同樣的餐廳，因此都沒玩到新的地方。

他寫劇本的方式很特別，多年來都是先有劇名，然後有演員，最後才有劇本。每次拍完劇照，工作人員幫他把劇照上的演員剪下來，做成紙娃娃，他貼在書房的屏風上。閉關寫劇本時，他會拿紙娃娃在桌上演繹、走位，劇本寫完，戲也排完了。因此他的劇本沒人可以導，因為他自己已經導完。

他在二十年內寫了三十個劇本（他說莎士比亞一生也不過寫了三十八個劇本），至今國內無人打破紀錄。如此豐沛的創作力，源自於他的多愁善感，和豐富的想像力。

屏風行銷部經理蕭淑玫說，有一年，全團去加拿大演出，李國修提早一個禮拜先去宣傳，全團一個禮拜以後到時，發現來接機的李國修眼鼻紅紅剛哭過，問他原因，他不好意思地說是因為想念他們。大家都不太相信。之後他才承認，他是因為想像台灣發生戰爭，自私的李國修一個人逃出來，他要在這裡接他的家人。但他不確定家人出來了沒，就愈想愈難過，便哭得要死。

那年正好是一九九六年，有中國飛彈「試射」，之前又有一九九五閏八月，是社會氛圍造成他的恐慌不安。之後他又把這個想像，寫成一部劇本《三人行不行Ⅳ——

長期玩命》，故事講的是，台灣發生戰爭，一個爸爸逃走，在機場接機接不到親人……。

只是多年來，他編劇、導演、演員、經營者的多重身分，把自己壓榨到盡頭，去年，他終於承受不住。「我差點走進憂鬱症，」他說。原訂十月七日首演，七月一日他跟劇團人說要回家閉關工作。以前閉關二個禮拜就出來，結果他整個七月，沒有寫出一個字。「我規劃故事，唉，這個寫過，唉，那個用過，唉，這個我在重複……，就是跟自己作戰、掙扎，因為我寫過太多劇本。」

「最可怕的是八月一日到八月十六日，也沒有一個字。我是佛教徒，我就去佛堂求菩薩，那時才去求，之前還很硬。我去以後，佛堂住持說，你靜坐就好，什麼都不要想。我到旁邊小禪房坐了十五分鐘，就回家了。回家寫第一個字，五天寫完第一稿，菩薩有幫助啊。」

「那段時間我非常低潮，什麼都不對，我回憶山東家鄉的槓子頭，又想起海專話劇社那群學生，那個大奶妹跑哪去了？真想見到她。我就開始想念人了，枯竭時想念過去的情感、過去的人，而他們都不在，我就哭了。所有的情緒都變成負面思考。過程裡，我一直跟親人跟同仁說話，抱怨、牢騷，他們就挺我、陪我，後來就活過來了。

開演以後我才踏實了。」

他善感、脆弱、自尊心強、不喜歡聽批評，但對自己的要求又比誰都嚴苛，因此總是在煎熬著。最近又有屏風二十週年的演出，現在他每天排戲，他一手帶出來的學生、現在的紅星郭子乾、曾國城都來演。李國修顯得特別起勁，排演時講說得很詳細，很喜歡我們這些旁觀者的笑聲。

中間休息，郭子乾接受我們側訪，他說李國修不會因為學生成名了，就不好意思指正。「舞台上的線條、節奏，就要靠他拉。他創作力最強的時代，都給了當年我們的海專話劇社了。那時他訓練自己寫劇本，都是先想劇名，從一個字的劇名開始寫，寫到十個字的劇名。他想劇名也很隨興，有次排戲他在門口看到一雙鞋，就問：『這雙鞋是誰的？』然後就用這句話做劇名寫了一個劇本。有時一個月可寫三本。這二十年來都是他一個人創作，太累了。」

排戲到一半，李國修拿出啤酒來，大家就知道，是四點了。他一年前戒菸，啤酒戒不掉，但他很有自制力，每天下午四點才開始喝。邊喝邊導邊演，也不曾出錯。

第二天採訪，原本以為他知道要拍照會換衣服，但他仍不知不覺穿著前一天的衣服。同事匆忙幫他找衣服換，他像小孩一樣跟在後面等著。他平常就喜歡穿有許多口袋的褲子，這天也是，他幾個口袋鼓鼓的，分別裝了印章、駕照、錢包等等。好像揣著石頭或尪仔標的小孩準備出門去玩。但因東西裝得多，走起來，還真有些沉重。

2006.3

得到的和失落的

李安

二〇〇五年，李安的新作《斷背山》剛剛得了威尼斯影展金獅獎，我們飛到紐約採訪他，那年他五十二歲，四大國際影展已得了三大，人生在最高峰上。他是少見的坦然的人，願意把內心深層的東西打開來給人看：談到自己拍《臥虎藏龍》時發生了中年危機，又說到年輕時對自己性向的不確定……，也許唯有如此，才能創作出好的作品。採訪結束，我們在飯店門口送他上車看他離去。負責幫人開車門的非裔大哥，很興奮地過來問我：「那是電影導演李安嗎？」我說是啊，他很開心自己剛剛幫他開了車門。我則感到一陣莫名的虛榮。

李安看來有些疲憊，黑髮裡摻雜著許多白髮，一個在人生頂峰的人，此時坐在紐約市中心一家飯店高樓上的咖啡廳，背景是大片透明玻璃窗，窗外是繁華的時代廣場，各色霓虹廣告在白日的天空中閃爍著，更映照出他那種好像是骨頭裡滲出來的疲憊。雖然說話間也時常呵呵笑著，但連那笑也有淡淡的滄桑。

所以，他最近得了威尼斯影展金獅獎的《斷背山》（*Brokeback Mountain*），是一部小品，一個簡單的愛情故事，因為他想休息。他說：「拍完《綠巨人浩克》，這部就拍小的，大的不敢拍了。」

他的個性太緊繃、力求完美，每拍一部，身體就出現一些毛病，二〇〇〇年做《臥虎藏龍》後製剪接時，已經是躺著剪了。但他又拍了工程浩大的《綠巨人浩克》，那次做完，他幾乎想放棄電影。

「就是累了，覺得身體跟精神都到頭了，還有好多東西想拍，就是力不從心。片子和我的想像力，都比我大得多。拍片時，自然會比較堅強，可是拍完一放鬆，就會做惡夢，身體系統感覺不對勁，好像不能再做了。休息一下好像也過不來，愈休息愈沮喪，不知要幹嘛，好像麥克泰森（Mike Tyson）沒拳打時不知要幹嘛，只有去犯罪，」他笑。

所以他選了著名的西部文學作家安妮普露（Annie Proulx）的三十頁短篇小說〈斷背山〉。「我這次真的也不敢堅持什麼，時間不夠，就不堅持那個複雜鏡頭，拍簡單一點。剪接時，也不像以前整天到城裡去，現在就在家附近租剪接室，還可以管管小孩、煮飯、游泳、看球賽，這是以前沒有過的。可能因為這樣，大家覺得這個片子特別好，不用力，反而感覺自然，效果比我想像的好得多。」

之前他耗費心神拍的《綠巨人浩克》，票房和評論都不如預期，那時，總覺得拍電影並非正途的父親，卻鼓勵他繼續拍下去，後來才有了《斷背山》。只是他剛籌拍時，父親卻突然心肌梗塞去世了。

李安戴了一支假名牌錶，原先朋友送給他的是真錶，後來壞了，他就買支假的，又因喜歡這樣式，便買支真的送給父親。他伸手給我們看：「八塊錢。」其實真假很難辨認，真的送給父親，假的留給自己，憑的是良心，還不只是孝心。李安受父親影響很深，每部電影都有父親的影子。

「我跟他說我不想拍片了，他說這樣你會很沮喪，那時我還不到五十歲。知子莫若父，人生他也經歷過，他知道我不拍片，日子會很難過。」

李安的父親李升從大陸來台，一九五四年生下長子李安，李安遂成了李家希望的寄託。李升後來當台南一中校長，李安也念同校，但成績普通，大學二次落榜，後來念國立藝專，做父親的很沒面子。

「我高中時想當導演，但一直不敢當真，我的成長環境讓我覺得，一進影劇圈就會變壞。但我很喜歡演戲，排戲都不敢跟我爸講，只說我去補英文準備出國念書，我在補習班繳錢繳了很多年，可是沒去幾堂，哈哈，我爸都不曉得。」

李安讀高中時，有一事困擾很深，他覺得自己缺乏男子氣概。他念男校，直到去台北讀藝專才真正與女孩子相處，他的陰柔氣質，很吸引女孩們找他傾訴感情故事，「我真的很不耐煩，我幹嘛要聽這些？她要交男朋友，跟我又沒關係。」

「那時我爸到台北出差住教師會館，都會多要一個床位，我們晚上會聊天。我就在那種時機問他，因為他很有男子氣概。可是他也沒答案，就要我好好讀書，呵呵，講了跟沒講一樣。因為對他來講這不是困擾，那一代的父母也不會花心思，他覺得你書讀好，將來事業有成，就會有太太嘛，急什麼？但對我來講，我活在那個節骨眼上，很需要答案，可是他沒有給我滿足。他也不曉得，其實真正會吸引我的女孩子，可能是那種比較強的。」

「我後來花了很長時間才發現這點。我那時覺得我人這麼 nice，應該是更 nice 的人我才會喜歡，可是不是，所以很困擾。」

後來他去美國伊利諾大學念戲劇系，之後念紐約大學電影研究所，然後結婚生子。李安曾說，他喜歡強悍聰明獨立堅貞的女性，那就是他太太林惠嘉的性格，後來李安失業六年，是靠太太撐了下來。

「我念書時沒想到會留在美國做電影，但畢業作得了獎，反應很好，經紀人跟我說誰誰找我，或有人看了說：『我們來拍片。』就很有希望，這個不成那個又起來，希望跟失望交互運作。所以我那時決定留在美國，並不是空的，而是有很多承諾。」

希望與失望交替的六年中，他不肯找工作，怕如果做了就是一輩子，再無拍片機會。這期間，他也偶爾去幫忙拍片、看器材、當劇務，但都不靈光。有次他去做兩天的劇務打雜，做得很笨拙，大家看他去擋圍觀的人群，就開始笑。人群裡一個非裔女人還凶他：「敢擋？我找人揍你！」他連忙走開，後來只能去搬東西。「我真的只會當導演，做其他事都不靈光。」

低潮時，他開始胡思亂想：「要不然就是老天爺在開我玩笑，我只是來傳宗接代的，說不定我兒子是個天才。」太太從沒要他去找賺錢的工作，這一點，他十分感激。「我身上有一種懶筋，如果我在想一個東西時，我沒辦法去工作，講起來很沒出息，因為我大部分時間都在發呆，也沒想到多好的idea，六年就這樣過去，整個人像垮了一樣。可是想到一個東西跟人家很不一樣時，也會有自信心。若沒有這股自信，我就去找比較務實的事情做了。我對我的天分是有一些自信的，可是人家會不會看到、我會不會有作為，我沒自信。」

就在最谷底時，機會來了。他的劇本《推手》和《喜宴》在台灣得了新聞局優良劇本獎，中影先拍《推手》，一九九一年得金馬獎，九三年《喜宴》又得了柏林影展金熊獎，李安的國際導演新人生就此展開，之後的作品一路得獎不斷。

回頭再看那低潮的六年，李安說：「經過那六年，大家比較尊敬我，因為我是苦出來的。也因為年紀增長，對電影的瞭解也比較成形。如果我三十歲前拍電影，一定是有天分，但對世界、對人生的瞭解非常有限。如果畢業第二年就有片子拍，成績可能不會比現在好。」

李安連拍三部國片，之後拍《理性與感性》，是他首部西片。他赤手空拳到英國，跟大明星艾瑪湯普森、休葛蘭等人合作。李安是片商洽談的第十四位導演，最後，他們選了一個可以帶來不同觀點的人。

這些演員都有很強的學經歷和自主性，時時挑戰這個華人導演。「我就是硬著頭皮做，怕也沒用。人家問你怎麼辦時，你還是要跟人家講。我確實是有想法的，只看他信不信我那一套。那時我的權威還是會非常被挑戰的，上從製片，中到明星，下到工人，都有挑戰，有時真有過不去的感覺，所以很難受，自尊心受打擊，拍到一半之後才慢慢好了。」

他是這樣一點一點為自己掙來導演的尊嚴，他後來想，「執導西片時，反而讓我第一次自覺到自己是東方導演。雖然在細節和血肉上，我要儘量模仿學習西方，做到標準，但在眼光與情感表達時，我開始比較自覺，如果又和西方一樣，不但拚不過，也無新意，要能夠取勝，就得發揮我們的長處。」

這層體會，使得他後來不斷進步。雖然他覺得自己在美國社會裡，過得跟紐約Flushing（法拉盛，華人聚集地）的台灣人沒什麼不同：去那兒吃中國館子、在中國超市買菜、在家說國語、往來的親友以老中居多、看《世界日報》（聯合報美洲版）的頻率也遠比《紐約時報》高得多……。

李安的助理李良山說，其實現在已不是李安融不融入美國社會，而是美國社會想跟他合作、想知道他的觀點，因為有太多影劇界重量級人士帶劇本來找他合作。幫李安做事的人，常常必須幫他委婉擋下這些索求。

有空時，李安很願意自己看看那些劇本，譬如《斷背山》，劇本多年前就寫好，但一直沒人要拍。李安看了覺得有意思：「它最吸引我的是裡面講：『我們現在剩下的只有Brokeback Mountain（斷背山）了。』看到這裡我就很想做。我覺得人總要抓住一個事情，感情才能夠寄託，斷背山對我來講，就是這個。我沒正面拍過愛情片，斷背山是個奇怪題材的愛情片，可是它在西部片裡本來就該存在，卻從來沒人拍過。大概就是需要一個不識相的外國人去拍出來。」

說起李安似乎常常做這樣的事，他笑：「有個影評說我很善於拆穿美國神話。我不願這樣想，因為這樣好像很冒犯人家。不過有時人家講，我是拿一個題材然後把它twist（扭轉），我覺得我不是twist，而是還原。因為現實生活裡它本來就是非常真實的故事，只是在西部片裡卻變成一個相反的素材，相反它又相成，大家會想看，我也很想拍，因為它既新奇，又有很根本的東西。」

「還有一點是我幾乎拍完才意識到，它也是整個故事裡最有力的一件事，跟missing（失落）有關。它不是一場你可以去強調、把它拍出來的戲，而是你拍所有的東西去強調那個不存在的一場戲。就是他們的愛情戲。他們的愛情是missing的，你經過人生，然後發覺這是愛情時，其實你已經miss掉了，那是一種很悵然的感覺。

不管用愛情或別的講，人生到了某種年紀，都會被那種感覺印證。」

李安的九部作品中，有兩部是同性戀題材（《喜宴》和《斷背山》），他說：「《喜宴》對同性戀碰得不那麼多，我真正檢驗的是那五個角色對事情的反應。這次我比較進入同性戀的核心，因為它講愛情、講性。同性戀我覺得有意思的，除了它阻礙很大、剝除阻礙後，你見到的是很純的愛情。還有，就是做為一個（異性戀）男性，同性戀對我們來說，是既害怕又想瞭解，又不願去面對的東西，它的私密感、微妙性、扭曲性，讓它很有意思，我會對男同性戀比女同性戀更有興趣，因為它更有感覺，你去探討它會不舒服，會更有吸引力。」

其實每一部電影的主角都是他自己。好比他拍《臥虎藏龍》時，就把男主角李慕白當作他中年危機的代言人。只是他那時已經很成功，危機是什麼？「典型的危機是你身體走下坡，知道人生不是一直往前衝的，你會想還有什麼沒做？對人生有很多檢討、需求，對很多東西的貪欲，也會浮現出來。年輕時一心想拍片，心情不複雜，精力用不完，但拍到《臥虎藏龍》時，開始嘗到中年危機的滋味。」

後來怎麼解決？他苦笑：「主角都死掉了，悲劇結局，所以無所謂解決，只有抒發。就像颱風一樣，過去了，收拾一下，天又晴了，一直到《斷背山》拍到上路以後，才慢慢悄悄地走了。」他笑。

李安站在時代廣場讓我們拍照，他背的書包，是類似台灣書包大王的那種五十年代高中生背的。他說，他念紐約大學時開始用，壞了再買一樣的。拍《斷背山》時，書包已經起了鬚鬚，助理到唐人街找了好久才找到，一只十八美元。愈來愈難買，因為沒人要用了。問他為何不換別的，他說：「還是這種最好用啊。」

2005.10

味道絕對不能變

阿基師

我們依約到國賓飯店二樓找「阿基師」鄭衍基，從富麗堂皇、衣香鬢影的前廳，行至走廊盡頭，打開一道門便是廚房，那是另一個世界：燠熱的空氣、蒼白的燈光、馬達聲轟隆如戰場。鄭衍基說，他每次要從廚房走到現場去跟客人見面，都要另換一套乾淨衣服，「我們身上會有一種油耗氣，你出去外面就會知道，人家進來時那種很幽雅清淡的衣服香味，所以我們去見人要特別留意。」

經過了時間，阿基師的聲望有了起落。然而我總是記得，那天採訪結束後，我想起該問問其他廚師，便又折回去所看到的景象。一直到現在，有時我想找某些菜的做法，上了網，依舊會看看阿基師怎麼做。這是他過去的努力所累積的，不會被任何事情打敗。

人稱「阿基師」的鄭衍基，每天下班回家，都要用南僑水晶肥皂把自己從頭到腳洗一遍，三十多年的廚師生涯天天如此。這種早年家喻戶曉的洗衣肥皂，如今絕少再聽到，它黑黑粗粗的，如果不洗衣服也應該是洗大象的。

我大概發出了一聲有關肥皂的疑問，他立刻扯著嗓門大喊，好像他耳旁總有十台吸油煙機在轟隆隆地轉：「當然啦！這種肥皂去油性最強咧！我們整天在哈油耶！你說我們有什麼品味？品味是來自於內心。」我看到他手背上有塊紫色燙傷，他說這是家常便飯。

沒人會懷疑鄭衍基的品味。他是台灣頂尖的廚師之一，原是國賓飯店行政主廚，最近升為國賓三家飯店的總行政主廚；他也是蔣經國、李登輝、陳水扁等歷任總統最喜歡的「御廚」之一。

晚間新聞常有這樣的畫面：那陣子不合的李登輝、陳水扁，恰巧各自在國賓飯店吃飯；或者，總是不合的陳水扁、連戰，也恰巧各自在這吃飯；又或者，分久必合、合久必分的李登輝、宋楚瑜、連戰、陳水扁，都太恰巧地各自在這吃飯。他們即使不小心知道仇家當晚也要來，也絕不會有人甘心自己取消，讓對方獨享美食。

也許是終年在廚房裡受油氣蒸汽的薰陶，五十二歲的鄭衍基，皮膚仍然白晰細緻，除了講話快且大聲的廚師職業病外，他看來溫文儒雅。個子雖不高，但戴上廚師的帽子，也頗有氣勢。辦公室桌上擺著一本正在讀的泰國料理書，他說：「別人的東西我也在學，不是說我要改做泰國料理，而是其中有一兩樣辛香料組合的方式，可以套到中餐裡，但我又不會讓你感覺我是在抄襲。」

雖然已經做到最高的行政主廚，鄭衍基最常做的就是與廚師們研發新菜。他說：「要留住客人，就要不斷創新，這不是把根除掉，味道絕對不能變，變的是造型，讓人吃的時候更愉悅。」

他以東坡肉為例。「傳統作法是，五公分四方，一塊肉，草一綁。我不走這條路。我把肉煨爛，切得跟書頁一樣薄，排列時就像一本書攤開。你會想，肉切那麼薄，一定不夠爛，爛了怎麼切那麼薄？我想的是，好看也要好吃，好吃就要入口即化，還要入味，那就要先煨，煨好了冷凍，冷凍完要切，但冷凍的肉會有油，刀子會黏油，拉不開，我就用三把刀，旁邊燒一鍋滾水，把刀子丟進去泡，切時戴手套，動作要很靈敏，很燙的刀一劃下肉就分開了，一片片疊好造型以後，我不跟你講，你哪知道這肉有多爛？」

「上菜時，我會把這盤肉拿去蒸熱，附上銀絲捲。我們教服務生，你拿著筷子一片片來，不要弄亂，拿一片捲成一個捲筒，把這捲肉塞到銀絲捲裡。這和一大塊東坡肉的口感是一樣的，可是如果整大塊呈現，你吃時看到那個油，心裡會有阻礙，但是這樣一捲，我把豬油的組織已經攤薄了，入口時，豬油的層次就變成很多種，好像吃千層蛋糕，綿和甜之間的感覺又不一樣。我們一直在塑造交感神經吸收時，最愉悅的感覺。」

你別以為這是某個廚師研發的作法，然後由鄭衍基出來講的。不，是鄭衍基自己動腦筋想的。一位美食記者說，許多行政主廚早已走出廚房與達官貴人交際了，鄭衍基最喜歡的還是研發新菜。有時鄭衍基帶著廚師出去參加美食展，晚上大家去喝酒，他很少參加，因為他覺得飯店培養他，給他開支，他要對得起，每次回來，只有他會交一份詳細的心得報告。

鄭衍基有好多本歷年累積的剪報、筆記，那是他的血淚史。剪報是他從學徒時代開始，在《青年戰士報》、《徵信新聞》（《中國時報》的前身）等剪下的食譜，那是他蒐集中國各省菜餚傳統作法的主要來源。他留著這些陳年筆記、剪報並非為了懷舊，「我常回頭去看，把老舊的東西翻新。中國人最珍貴的就是老東西，有些當時做得比較粗糙，但你可以把它做得很精緻。」

那時他已在為有一天機會來臨時做準備。只是造化弄人，別人出師只要三年半，他卻花了八年才出師。

鄭衍基的父親是福建福州人，一九四〇年代末期往返於福州、鹿港做小生意，四九年回不了福州留在台灣，後來開小餐廳。鄭衍基小時候成績從未落入五名以外，平時喜歡在店裡摸摸弄弄，老師來家庭訪問，他還做糖醋排骨、炒飯招待。初中畢業，他決心要做廚師。父親非常反對，他仍堅持，父親只好忍痛讓他去廣州飯店做學徒。

他年紀小又不是廣東人，常受欺侮，比如師傅教做叉燒包，就是不讓他看，他只好遠遠偷看：師傅和麵團時，他設法記得師傅量麵粉的秤，秤鉈離秤桅的距離、秤盤上的麵粉堆得多高。一點點偷學，經過數十次試驗，終於成功。他學果雕，只能趁休假，提著蘿蔔跑到關渡宮後山，看木刻工廠的師傅怎麼刻，再回家練習到深夜。

辛酸的事情說不完，雖然比別人努力，他卻始終無法出師，他現在想起來仍很氣憤：「早期的觀念很傳統，都認為大廚不是高頭大馬就是寬頭大耳，還要老氣橫秋派頭十足。我長得矮小，人家會考量到你體能不夠、站出來也不像個師傅的樣子，可能客人看了會倒胃口。」

他身高一五九公分，即使後來當了廚師，仍常被看輕。有一次蔣孝武在七賢招待所宴客，鄭衍基負責外燴，抵達後，管家看到他，並未打招呼，而是問外場經理：大廚沒來嗎？經理未及反應，管家又到廚房問鄭衍基：大廚會晚一點到嗎？最後知道他就是大廚時，才忙向他致歉。

年輕時的許多波折不順，卻是他磨練的機會，「我想要報復，但報復的是我自己，我讓自己更下苦功，做不到的事情也要做到。」

他自己是苦出來的，因此要求別人也很嚴格。他面試廚師，先要求人家張開嘴巴，他像牙醫一樣檢查是否有菸垢、檳榔垢，再捲起袖子看是否有刺青，如有任何一項便不用。「交感神經要永遠保持機靈，刺激性的東西我都不碰。有時菜的味道明明走樣了，我的廚師還不知道，我就會給臉色，這是很嚴重的事，走了味你都不知道，你的專業就受挑戰了。」他承認自己嚴格，一連說了五次「我很兇」。

說到菜色，他的精神就來了。他講了「偷龍轉鳳」的技巧，學會這技巧，便可套用在許多地方。以滿漢全席中的燉鱷魚為例，「你以為燉鱷魚好吃嗎？沒有湯頭不能吃啊。鱷魚成本高，我們燉鱷魚不用鱷魚肉，是用跟鱷魚肉甜度最接近的鱔魚和牛蛙。拿兩個新鮮的椰子，取湯汁，再挖出白色的椰肉，殼用菜刀亂砍，然後全部加薑一起燉一天，第二天過濾，只留湯。上菜時，我們把湯擱進新鮮的椰子盅裡，然後鱷魚肉切薄片，燙熟後擺進來。你吃肉，不會覺得很柴，你喝湯，有甜度和椰子的香味。調味，幾粒鹽就夠了。有些不知道的人，把鱷魚肉拿去燉，燉老了就跟鯊魚肉一樣，又老又粗。」

放椰子殼是他自己想出來的。「我永遠相信食材的原味都有它的特性。把椰汁倒出來，裡面還有椰肉，你挖了還不過癮，覺得這一點怎夠，香度怎夠，那就想它會不會氧化？不會氧化，那就拿來燉湯嘛，明天過濾，香度都在裡面，椰子殼跟甘蔗渣一樣，你剁一小塊慢慢咬，咬到最後會有很清淡的椰子湯汁從裡面分解出來，就表示這個可以用。」所以你咬過椰子殼？他又大聲說：「有咬過啊！沒咬過就不曉得它行不行。一試就爽，抓到訣竅。」

他出了三十多本食譜、在幾家學校授課，從不怕自己的技術被人學去。「舊經驗要全部淘空，才能增加新經驗。如果不把自己淘空，不會限制人家成長，而是阻礙自己成長。」

採訪完，我們離開。不久，我想到還要找其他廚師聊聊，又回頭去找鄭衍基。看到他，差點認不出來。他高帽子拿下來，變回一個小巧的人，頭髮參差散亂，他看到我也嚇了一跳。我說想來找其他廚師，他笑：「都去休息了。」他面前有一盒彩色筆，和幾個白色蛋殼，問他在幹嘛，他說要推出新菜，他要在蛋殼上畫國劇臉譜做裝飾。在這個大家都去休息的午後，他不用參考任何圖樣地一筆筆畫著，右手背上那塊燙傷油亮亮的，想必是剛塗上了面速力達母。

2005.7

江湖去來

陳啓禮

混跡江湖的人，防禦心特別強，陳啟禮又很懂得控制別人情緒，問他問題，他想說的，就談笑風生，幽默自嘲，他不想說時，只要把臉慢慢沉下來，空氣就被他凍結住了。二〇〇五年他已流亡柬埔寨多時，心心念念要回台灣，邀請多家媒體去柬埔寨採訪他，我們自費去採訪三天，某晚他請我們在一家餐廳的包廂吃飯，他手機響起，他邊講邊朝外走，說時遲那時快，整桌的手下立刻轟地全站起來跟出去，將他團團圍住，每個人都手按口袋（可能有槍），警覺觀察。我和攝影同事目瞪口呆坐著，為這精良的組織訓練咋舌，為宛若置身黑幫電影而緊張（興奮）。結果沒事，沒有人利用電話引誘他走出去狙殺他。兩年後他癌症復發，客死在香港這個最靠近台灣的華人地區，終究沒能如願回到台灣。出刊時他原本對我期待甚深，交代屬下要多買雜誌，後來看到他屬下傳真去柬埔寨的報導，十分失望，認為我仍著重在他過去的事，不寫他的許多善行，就不買雜誌了。

那次我在台灣側訪了「一清專案」時負責逮捕陳啟禮的市刑大警員藍文仲，後因篇幅限制，沒能寫進文章，現在節錄於此。藍文仲意外的為那個時代、為江南案——陳啟禮人生的最高潮，做了一個小小的註解。

「那是一九八四年十一月十二日。當時我們不知道江南案，也不清楚為何要抓陳啟禮。前一天，顏世錫要我們十二人去抓他，去之前，要先發誓，今日之事不能說。我們奉命要先抓到陳啟禮，才開始一清專案。」

起先警方不知他在哪裡。後來查到陳啟禮妻子陳怡帆舅舅名下在木柵國花山莊的房子。藍文仲和一位女警搭配，帶一桶喜年來蛋捲去按電鈴，一個傭人出來應門，他隨口說要找一位陳先生，傭人說沒這人。「但開門時，我已看到陳啟禮在裡面講電話。我就退回山下，之後十二人全在此會合，將房子團團圍住。」

警方衝進去時，陳啟禮仍在講電話。「我們把電話按掉，他說：『我在跟魯俊（時為台北市刑大除暴組組長）講電話！』我們銬他，他說：『為什麼銬我？我是情報局的人，你們抓我，要付出很大代價！國家會動盪哦！』我們把他和他老婆銬起來。我去搜他房間。他的衣櫃一打開，全是Polo衫！每種顏色有好幾件。那時Polo衫很罕有，是高級品，」藍文仲有些不好意思：「從此我也開始穿Polo衫了。」

這是陳啟禮對當時一個年輕刑警的影響。

即使已經老了，陳啟禮還是極有魅力，是老去的美男子，也是老去的黑幫老大，他的眼神卻沒老，可以溫和，也可以炯炯如火。我們在他柬埔寨金邊的豪宅院子茅草亭下等他，他一路如農夫般赤足而來，皮膚觸地發出擦擦的聲音，兩條凶惡的羅威納犬跟著他。

他介紹他的狗：「羅威納是十大惡犬之一，這隻公的叫『教授』，牠其實很好，只是會叫的野獸，很溫馴，就是有點不可預測，你只要不理牠就好了，如果跟牠玩，牠會突然的一下，你馬上就血流如注，牠就是以前的我，十大惡犬，呵呵。」

除了兩隻羅威納犬，還有一隻更巨大凶猛的高加索犬關在籠中，只晚上放出來，與陳啟禮從柬埔寨總理洪森的衛隊中花錢請來的衛兵們，一同巡邏這座宅邸。離開了台灣，敵人更加深不可測，他需要更多護衛。他的狗只效忠他一人，人們怕他也怕狗，如果一定要選一樣比較怕的，還是選他。

此時來了客人。本地台商幫他在台灣的皈依師父悟明法師送來一座白玉觀音。這裡平日從早上七點開始就有川流不息的客人，本地台商、台灣來的立委們、竹聯幫兄弟們。

一九九七年，陳啟禮因背部腫瘤赴柬埔寨靜養，才一年多，就被台北地檢署依涉及中正機場二期航站工程弊案、違反《組織犯罪防制條例》，傳喚、拘提不到，發布通緝二十五年。到今年，他已「流亡」了八年。

坐看觀音像，他說起皈依佛門。「江南案關出來，別人介紹悟明法師給我，他八歲出家，對社會的事不太留意，只知我剛關出來。皈依完，他說，明道（陳的法名）啊，你既已皈依，以後就不要再去偷人家東西啦。呵呵，我就說，是是，師父。」

他說話緩慢沉穩而滄桑，一旁的台商聽他說笑話，也不敢太笑，但又不知怎麼接話，只好講些別的事。人人都怕陳啟禮，這裡面便出現一種想像的暴力。暴力並非只有語言或肉體的攻擊，更深遠的是無形的，可能是一個聽到便會恐懼的名字。許多政治人物和商人因為怕失去所有，就乾脆向他靠攏。所以往往他不必使用暴力，卻能收暴力之效。

客人走了，一隻大蒼蠅落在桌上，陳啟禮不知從哪裡變化出一支蒼蠅拍，就在蒼蠅和我們都沒心理準備的瞬間，快狠準「啪」一下，蒼蠅便歸西了。我問他既然修佛怎如此忍心，他楞了一秒，隨即笑道：「修佛，對惡魔也是要施展霹靂手段的。蒼蠅蚊子對我來說就是惡魔。」

為了讓我們瞭解他的為人，他命人播放台灣某電視台為他拍攝的賑災影片給我們看。影片中，他笑瞇瞇看著此地飽受旱災之苦的災民領取物資，十分欣慰的模樣。即使他藉著賑災與柬埔寨政府保持良好關係（一九九七年獲頒勛爵），他仍嘗到了做為一個「好人」的滋味。

「我在這裡八年，有一段時間，我覺得我不是陳啟禮，是另一個人了。」又笑：「我的心，黑的很少，白的比較多。不要一直把我界定在二十七、八歲嘛，我也一直在進步，在力爭上游嘛！」陳啟禮說，第一次坐牢出獄後，他就不再混了。

陳啟禮一九四三年出生於四川，六歲與父母來台。父親是法官，母親是書記官，陳啟禮十四歲出來混，十七歲做了竹聯幫總堂主，二十七歲因重傷害罪第一次坐牢，四十一歲發生了令他名震遐邇的江南案。

他上小學時，二二八事件剛結束不久，省籍仇恨的情緒正濃。「我讀東門國小，全班連我只有三個外省人，另外兩個人被欺負了就乖乖的，我從小憨憨的，但個性沒辦法讓人家這樣，就大打出手。他們就每堂下課都來打我，到後來是全班打我，我的個性是愈戰愈勇，後來是整個年級，一些比較那個的，都過來。每堂課完，就跟上拳擊台一樣。連老師都打我。我玩躲避球，突然從背後被踢倒在地上，結果一看，是老師，他用怨恨的眼睛看我。」

「上了初中，外省人比較多了，沒人來打我，我又變成一個老實的人。後來有些同學看我老實又來打我。我那時個子不大，但實戰經驗多，很少輸。每次我爸回來，我就跑到玄關替他脫皮鞋，他皮鞋一脫，就拿鞋打我，因為他一路回來，鄰居一路告。」

陳啟禮還有個哥哥留在大陸，父親對他這唯一在身邊的兒子很用心，充滿期望。「我父親是軍職出身的法官，對我很嚴格，我小時候每天早上四點半要起床，不起來他就大吼大叫，起床後要折內務，然後背一篇古文，我爸很有耐心，每天晚上都解釋給我聽，第二天早上要背，他下班回來我就要背給他聽，稍微一點不流利都不行。」「他去訂做一個石磨，我每天早上要磨豆漿給全家喝。我後來比較大時，經過豆漿店，看到人家的石磨都有個槓桿，我爸爸是把那根槓桿拿掉，讓我自己想辦法磨。磨完，豆漿流下來，用美援的麵粉袋接了以後，我要用手擠出豆漿，所以我後來力氣很大。」

父親從小跟他講各種故事，比如斯巴達小孩的故事：斯巴達跟雅典爭希臘半島領導權多年，斯巴達人是武士階級中最高的，他們把小孩送去訓練，下課時，有個少年跑到叢林裡玩，抓到一隻狐狸，突然聽見緊急集合哨音，他捨不得狐狸，就紮在腹部再去集合。指揮官經過這少年時，發現他臉色蒼白，大腿兩側流下鮮血，卻面無表情，指揮官把他袍子一掀，看到一隻狐狸在咬他。「我爸爸就跟我講，你要泰山崩於前，色不變。」

「所以我從小就對很多事情很麻木，比如說痛覺，我也會痛，但沒那麼強烈，上次開刀，醫生就說我的痛感神經很遲鈍。」

十四歲長高以後，他加入尚未發展起來的竹聯幫。「那時竹聯的人年紀都比我大，但我們都是同輩分。我覺得我的心智可以做他們爸爸。他們這裡（指指腦袋）不好啊，勇氣也不太夠。我們從小很少打敗仗，就算人少也是勝的。這跟我爸爸從小要我每天背古文有很大關係，因為一直重複背，最後它就會在腦裡。」

「很多人不知道，我是不睡覺的。小時候每天晚上睡覺前，爸爸要我吾日三省吾身，我就反省檢討。慢慢年紀大了，初高中以後去混，接觸的人很複雜。他要我把今天所做的每一件事都要回想，哪一件做錯了，你要檢討，銘記在心。晚上，你要計畫，明天要做什麼事。所以我年紀愈大，計畫也愈大，反省時間也愈長，到了早上四、五點，我的計畫也差不多了。後來我讀高中，已經很少睡覺了，我爸就帶我去看醫師，醫師說我神經衰弱。哈哈哈。」他笑得很興奮，說，後來江南案，他們輪番偵訊他，個個哈欠連連，卻發現他這人竟可以不睡覺，都十分驚詫。

他還是一直笑：「後來我做什麼事都很成功，因為我每天計畫。自從來了柬埔寨以後，我再也不反省了！我也不計畫了！我的日子就變得很散漫，我就覺得很快樂。」

大環境加上父親出於愛的嚴格訓練，竟讓他變成了一個完整的黑幫老大。說起那些其實如今聽來驚悚的事時，他卻一直笑，一直笑，笑得幾乎喘不過氣來，彷彿他生了某種病，必須靠不斷地笑來舒緩痛苦。

他也因為無法睡覺，江南案出獄後，成了居家男人。他每天半夜在廚房剁菜包餃子，把牛肉的、紅蘿蔔的、高麗菜餃子分成一袋袋放進冷凍庫，早上妻兒起來就有得吃。他每天早上六點就到公司處理公文，他做營造業，公文必須當天批完。當時有些竹聯的兄弟在他公司工作，兄弟一般都是凌晨回家睡到下午，但他早上六點上班，兄弟們都痛苦萬分。

在他極少的睡眠中，還能發生暴烈的事。「我不喜歡跟女人睡在一張床上。因為我會在夢中『咚』一下，揮拳打到人家身上。後來我乾脆把床靠牆，睡在牆邊，這樣還有二分之一機會打在牆上。經常半夜這樣，打到痛。我想我白天很禮貌很客氣，可能有很多事情不滿，晚上才會這樣。」

陳啟禮是一塊天生的磁石。早年跟著他的人，都說陳啟禮聰明、有智慧、有謀略。前竹聯幫主黃少岑，十七歲就跟著陳啟禮，他說：「他很有魅力，溫文儒雅，對兄弟很好。我快要被人殺，他救了我，那時我父親不在，他很照顧我，又很有學問。」他說，陳啟禮很照顧兄弟，曾有一小弟半夜出事，他二話不說揣了槍就趕去。

跟隨陳啟禮三十多年的胡先生則說：「竹聯幫沒有他（陳啟禮）不行。他喜歡讀歷史、懂得戰略。那時他很帥，唇紅齒白，有風度、害羞、有智慧又很有禮貌，我父親見過他以後，從此對流氓改觀。他有天生的領袖魅力，吸引了很多人主動依附。」

一九六〇年代，剛竄出頭的竹聯幫，與本省幫派牛埔幫火拚，胡先生說：「我們拿削尖的竹子、武士刀、掃刀、長矛、扁鑽，砍得手臂滿天飛。」陳啟禮對外是主戰派，如果有人想占便宜或欺壓，他都主張迎敵、求戰。「他都帶頭，絕不會躲在後面。那時四海幫最凶，他帶竹聯第一批去打，闖出名聲來。」

我問，父親何時知道你參加幫派？陳啟禮黯淡下來：「他很後來才知道。」

一九八四年，筆名江南的旅美作家劉宜良，因準備出版內容不利於總統蔣經國的《蔣經國傳》，據說他同時又是台灣與中國的兩面間諜，情報局難以忍受，便找到陳啟禮，希望竹聯幫能幫政府「教訓」江南。

那時代，政府是風，人民是樹葉，風起時，樹葉的命運便已決定。這風也刮到了當時正在台灣社會「壯大」的竹聯幫。只是這些人再強悍，都掌管不了自己的命運。

殺了江南後，陳啟禮留下兩捲錄音帶自保，帶著吳敦、董桂森逃離美國。未料回台後不久，警備總部立刻抓人，逮住陳啟禮後，才展開「一清專案」，大舉掃蕩以竹聯幫為主的幫派分子。

一位當年負責逮捕陳啟禮的警察回憶，他在陳啟禮的行李箱裡發現一本筆記，上面寫著：「我陳啟禮要幫中華民國光復大陸，台灣現在已是竹聯幫天下，將往大陸發展……」又寫著劉宜良的住處、路線、作息等等。

人送到警總，依照程序，陳啟禮被小兵喝令脫光檢查，這位警察回憶：「那時我看到他眼睛好像有點濕潤，旁邊的員警都別過頭去不看，我後來才知道，他難過的是，為國家做事，卻遭到這種待遇。」江南案陳啟禮被判無期徒刑，後來一路逢蔣經國去世、李登輝上任大赦，減為六年半出獄。

「江南案，我爸爸到監獄來看我，跟我說，情報局開大門請他進去，旁邊站了兩排情報員向他致意。大門平常只開給元首走的。我爸爸很感動，說：『兒子，你死可矣。』過去陳啟禮與父親的關係一直很緊張，父親對他期望深，失望也深。現在父親原諒了他，他便原諒了利用他又遺棄他的政府。

「我後來才知道我爸爸最喜歡的兒子是我。」他臉上難得出現了孩子氣。「我妹妹說，我爸爸去大陸看我哥哥，回來很不滿意，說他（哥哥）這個人畏畏縮縮的。」

「我二十七歲被關以前，竹聯大部分都收建中的，因為書讀得好，混得也好。」他自己也是建中畢業，後來考上淡江學院測量科，這是他後來做營造工程事業的基礎。

「剛開始是精兵制，後來我發現，台灣是一個小海島，人逃不出去。組織一嚴密，一破獲就全破獲，後來我在書上看到，在一些岩洞裡，有一種昆蟲遇到天敵，牠就自然演化，變成大量繁殖，這樣人家就吃不完。我就覺得，在台灣要細胞分裂，要鬆散，台灣有多少監獄，一次能關多少？一滿時，就沒辦法管理，就必須減刑。那你造一個監獄快？還是我細胞分裂快？一清專案，光抓竹聯就三千多人，我們竹聯最少十幾萬，沒有多少效果，這就是為什麼愈掃愈多的原因，他們束手無策啊。他們不懂得如何管理這個社會。」

我們聽得忘記了天色已晚，陳啟禮說完，微微一笑：「走吧。」便緩緩站起來走了。

2005.2

生命如電影

欽哲．諾布

剛開始，我對於這位拍電影的仁波切時常卜卦有點遲疑，好像未免輕率了些。但再想想，我們平常的抉擇，無非就是該買哪雙鞋、哪個牌子的牛奶、去看哪部電影……。而且往往決定之後，又會後悔。採訪完後，我發現自己也開始用丟銅板來決定一些事情了，果然事情變得容易得多。

名為「欽哲．諾布」的宗薩．欽哲仁波切出生於不丹，拍過三部電影，最有名的是一九九九年舉世矚目的《高山上的世界盃》。講法之餘，他最愛看電影，從電影中看到自己的慾望與黑暗；他也寫過多部佛法修行指引，在台灣十分暢銷。他幽默又坦白，為台灣佛教界帶來不一樣的氣象。

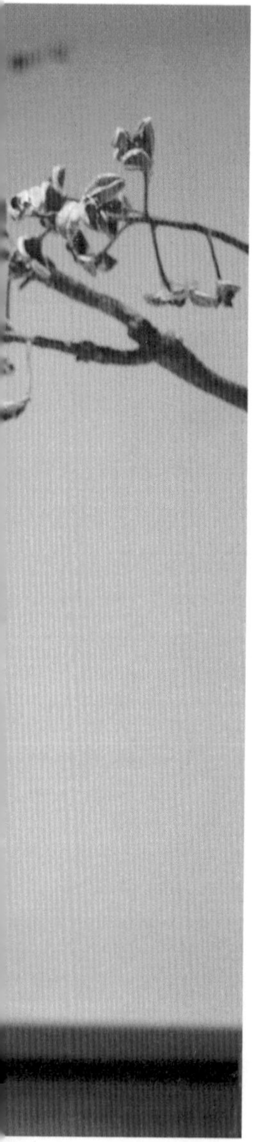

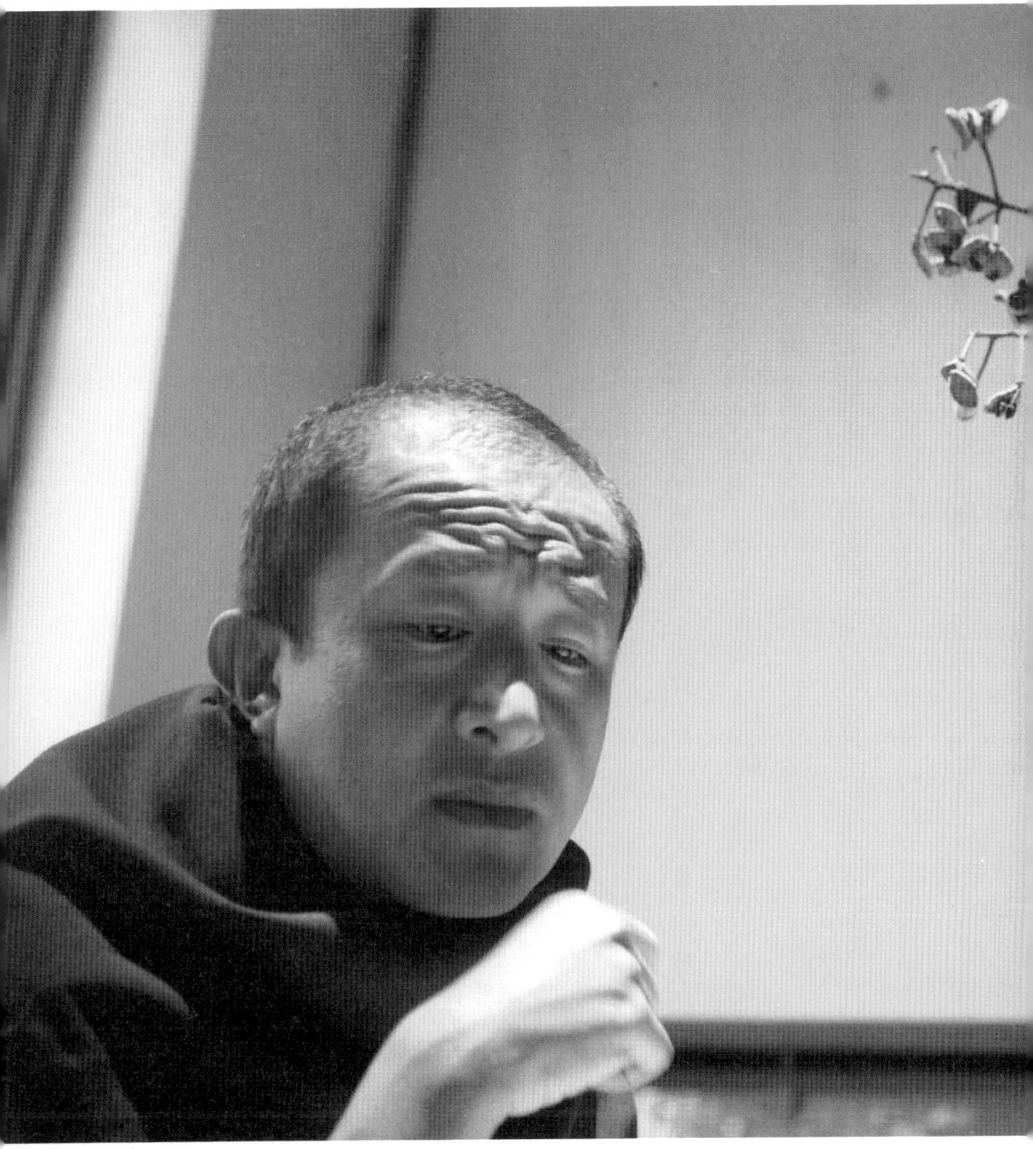

宗薩・欽哲仁波切戴的那隻錶，因為他手勢多，所以很容易就從他披掛的暗紫紅袍子裡露出來。是隻猴子圖案的卡通錶，猴子的臉型竟與他有幾分相似。「我的舊錶戴了十七年，我在紐約時，它再也不肯走了。我就出門，遇到第一家錶店，看到這隻錶，就買了。它非常好。」

許多事情他都不像一般人那樣考慮再三，譬如他買錶，是在「遇到的第一家錶店」買的。拍電影也是，遇到需要做選擇時，他乾脆用卜卦決定。「這樣做只是為了省時間。生活裡有太多事情要做決定，好比用富士還是柯達底片？片子送到澳洲還是加拿大沖洗？每個人說法不同，與其花很多時間分析，不如卜卦，至少可以省時間。」

這位仁波切，就是一九九九年舉世矚目的電影《高山上的世界盃》的導演。片中描述一群流亡印度的西藏喇嘛們，迷上世界盃足球賽的故事。由於在國際上得了許多獎，票房又大為成功，接著，他又拍了第二部電影《旅行者與魔術師》，最近在台灣上映，他來宣傳，並依往例舉辦多場法會與佛學講座。

佛法修行不是要人心無雜念嗎，電影創作卻是讓人萬念紛陳，這之間不會有衝突嗎？雖然被問過許多次，他還是很耐煩地解釋：「佛法修行並不是反對思考，我認為反而是要人多思考。佛法反對的是對某些思考太執著，要放棄舊的思考，做新的思考。這也與電影有關，電影創作，也不是要我們沿襲一些陳腔濫調、或複製，而是創作新的。佛法並非宗教，而是一種哲學，是教你怎麼生活，它並非只有規範。」

「所以對我來說，二者之間並沒有衝突。很多人認為會有，那是因為他們覺得電影總是在講性、暴力、金錢……，那些比較不合乎倫理道德的事情，但我覺得電影並不一定總要有性與暴力。電影可以像小津安二郎那樣，沒有性與暴力，仍可非常深刻地呈現出生命的面向。」

仁波切的名字是「欽哲・諾布」（Khyentse Norbu），他一九六一年出生於不丹東部一處偏遠村莊，七歲時被認證為蔣揚・欽哲・旺波上師的第三世。

由於他的「前兩世」都是藏傳佛教中非常重要且受尊崇的上師，他也因此被稱為「尊貴的宗薩・蔣揚・欽哲仁波切（His Eminence Dzongsar Jamyang Khyentse Rinpoche），是藏傳佛教最重要的轉世上師之一。他的父親、祖父、外祖父也都是重要的佛教上師。

仁波切在不丹與錫金接受嚴格的佛教教育，後來又赴英國倫敦大學亞非學院讀書，他接續先前不分教派的傳承，在世界各地創立多處學院、閉關中心、慈善基金會等，不拍片時，則在世界各地講授佛學，每年閉關禪修數月。

藏傳佛教界認為他的特點是「坦率、真誠、謙卑、敢言而無畏」。例如曾有求道者問他：「如何將忍辱與智慧落實於日常生活？」他回答：「這是相當困難的事情，而且你也問錯對象。因為我本人根本做不到。之所以再三強調這一點，無非是希望大家不要對我有過高的期望。多年來，我被訓練如何說法，因此我可以說法無礙。但永遠不要祈求做我的弟子。我太愛自己，以致對你不會說實話，自然不夠資格做別人的上師。」但他仍提供二首偈頌給對方修持智慧與忍辱。

談及此，他說：「有時我會覺得很挫折，因為我想當個好的佛教徒，但我的地位使得我很難做到，因為當人們太尊崇我時，我很可能會腐化，我必須非常非常小心。我以前看到嬉皮，就好希望我是他們，想到哪就到哪，想做什麼就做什麼。」

他很喜歡看小說，第二部電影《旅行者與魔術師》就是受川端康成小說《伊豆的舞孃》影響。一有空閒，他就會去書店。但不論去哪，總有貼身侍從跟著他。「我有時會落跑，我會撒謊，說要去上廁所，就再也不回來。我不該說謊，但我的確會說謊。」獨自赴倫敦念書的兩年，他覺得最有趣的是，「在那裡不會被當作神來對待。」他每天蹺課去看電影，最高紀錄是三天裡看了十五場。他十九歲在印度的車站裡第一次「瞥見」某部電影片段，便深深著迷，他後來看的第一部電影是〇〇七《金鎗俠》，那時也覺得有趣極了。

雖然不念書，成績卻很好，還差幾個月就可以拿到碩士學位時，他認識了正在拍《小活佛》的美國導演貝托魯奇，貝托魯奇請他去當顧問，他便放棄學位，去了美國。我說，放棄學位不可惜嗎？他笑，「我並不需要學位，讀書拿學位是要去找工作嗎？我已經有太多工作要做了。」「原本我以為電影就像〇〇七一樣，需要大卡司、大資金，我不可能拍，但看了印度導演薩塔亞吉雷的片子，我就覺得我也可以。」薩塔亞吉雷的電影場景幾乎都在印度鄉下。

他又在紐約上了幾個星期的電影課程，他有好多故事想拍，《小活佛》的製片人幫他找了資金，就開始了他的第一部《高山上的世界盃》。

這個發生在喇嘛修道院的故事，可說是他的半自傳。片中所有發生的事情都是真實的。譬如喇嘛們為了看世界盃足球賽而跟人打架，還有那個新來出家的喇嘛，他第一天報到就被告知要演出一個角色，當時他根本不知電影是怎麼回事。

就地取材尋找演員是很有趣的過程。《高山上的世界盃》裡的演員，全是印度宗薩佛學院裡的喇嘛。《旅行者與魔術師》的拍片地點在不丹，片中演那個一心想去夢土美國的年輕人，名叫才旺，他是不丹國家廣播公司的製作人兼記者，二〇〇一年仁波切主持法會時他去採訪，「仁波切向我招手時，我以為他要責備我，因為當時有九架攝影機在拍，而這是一場心靈修持的活動。」但仁波切卻是問他要不要去試鏡。

還有那個賣蘋果的老農夫，他本就在當地種蘋果，直到電影殺青很久，他都不知道自己是在拍電影，他常常把真實情況和劇本的故事弄混，譬如拍到卡車半途故障的一幕時，他顯得相當關切；如果導演不喊「卡」，他可能會一路走到另一個村莊，絕不敢停下來。電影演完後，他說要把演戲酬勞存起來，將來自己火葬時可以用上。

「拍電影每件事都困難。」仁波切說：「譬如攝影機摔了，你不知它是不是壞了，在不丹，沒有地方可以檢查，若送回澳洲，要花二、三個禮拜，我們不能等，所以只能卜卦。卜卦結果說沒問題，我們就繼續拍。結果真的沒問題。拍片時老是下雨，我們就舉行法會，祈求雨停，結果雨就停了。」

加拿大人 Anika Tokarchuk，曾把仁波切拍第一部電影的過程拍成紀錄片，她說：「他非常懂得人性，知道舉行法會可以使人覺得受到庇護、覺得有力量，所以舉行法會也幫他解決了很多問題。」

電影令他著迷，也使他發現自己。他說：「我在看《閃靈殺手》《大開眼戒》這種電影時，我覺得我都有潛力變成某種連續殺人魔。《越戰獵鹿人》裡有個人著魔於俄羅斯輪盤，我看完以後，好幾天食不下嚥，覺得我也有可能變成這種人。我們會著迷於任何事情，沉迷於某些刺激，生命是非常脆弱的。」

藏傳佛教的喇嘛，除非特別立誓，否則是可以結婚生子的。仁波切的祖父、父親都是地位崇高的上師。他今年四十三歲，交過女友，有過許多愛情經驗，他說：「經過多年來不斷地墜入情網、心碎，我得到了『三顆草莓的領悟』。如果面前有三顆草莓，我們會想把一顆放在另一顆上面，這很困難，但試了很多次之後，終於成功。這使得你以為也可以把第三顆放在第二顆上面，但往往結果是全倒。但有時候第三顆也會極短暫地突然站在第二顆上。」

愛情就是這樣一個不斷重複的過程。「但我們就繼續放吧，這是唯一的機會，也是生命有趣的地方。但不要太期望第三顆可以站在第二顆上面。我們的生命中有這麼多問題，其中很多問題，是由『想解決問題』而來的。」

雖然是學佛在先，但電影使得他更看清了生命中的虛幻本質。他說，「人生好比在電影院裡看電影，有時我們知道自己是在看電影，有時我們不知道。但知道以後，就找個好位子坐下來，輕鬆一點。」

2004.12

滄桑在心裡

齊豫

齊豫還在讀大學時就出道了，卻在二〇〇二年她四十五歲時才辦第一次個人演唱會。那場在香港舉行的演唱會裡，主辦單位特別播放她女兒唱歌的畫面，她當場無法控制地哭了。後來她唱英文歌〈Memory〉，唱了一節就立刻喊重來，原來她忘詞，唱成第二節的歌詞了。採訪時跟齊豫談起這事，她說：「後來音樂重新開始，你看我頭低低的好像很鎮定，其實我那時還是想不起來怎麼唱，我想完了完了怎麼辦，還好音樂到了那裡，我就很自然地唱出來了。」後來幾年，齊豫除了發行第九張個人英文專輯《Over The Cloud》，她潛心向佛，也發行了多張佛曲專輯。

要把齊豫身上的披披掛掛說清楚，還真得花一點功夫。第一天採訪，她要先去電視台錄影，所以著實打扮了一番。她照例把頭髮弄得又蓬又亂，好像剛與人起過爭執，又戴上大圓圈耳環、幾隻鐲子，手指像是拶著刑具那樣戴著好幾個大粗金屬戒指，穿的也是層層疊疊，乍看會以為她只用幾塊布包一包就出門了。

在她走紅的那個保守年代，只有精神出了問題的婦女才會做此打扮，她以這種形象行走歌壇二十多年，到現在，這已經是復古了。

說來很難相信，這位「歌壇長青樹」最近要辦的演唱會，竟是她在台灣的第一次，而她生平第一場個人演唱會，也是去年才在香港辦的。

為什麼是香港？又為什麼等了這麼多年？等待錄影的空檔，我們在電視台的屋頂花園拍照，風有點大，把她的亂髮幾乎要吹整齊了。她說：「一來是台灣沒有適合辦大型演唱會的場地，二來是個性。」

「一般人跟我相處，可能覺得我很隨性，所以也以為我在台上可以很自在開放。其實我到現在還是，每次上場都好緊張，即使是做來賓，只唱兩首歌，心臟也會咚咚咚跳到這裡，」她比比咽喉，「呼吸沒辦法順暢，還會發抖，每次吸一口氣，一下就漏掉了。我的歌又都是長音，這麼緊張不容易唱。齊秦就完全不緊張，晚上有演唱會，早上還可以去打高爾夫球。」

唱片出得少（國語、英文專輯各七張），又沒辦過個人演唱會，聽眾卻從來沒忘記她，除了她偶爾會在弟弟齊秦的演唱會上唱歌，主要是她所代表的那個時代，是如今三、四十歲人的青春美好回憶。

她一九七九年出版第一張專輯《橄欖樹》，立刻走紅華語世界。七九年是怎麼樣的年代？中美斷交、連體嬰忠仁忠義分割成功、南海血書、多氯聯苯中毒事件、美麗島事件、吳祥輝《拒絕聯考的小子》出版……。

那年她念台大考古系四年級，前一年得了金韻獎歌唱比賽冠軍，認識評審李泰祥。兩人開始合作，一邊做《橄欖樹》專輯，一邊合作廣告歌曲。那時候的廣告歌大都是李泰祥作的。

「譬如三陽野狼一二五：『我從山林來越過原野』。我也唱了很多，像是『健健美』，就是〈春天的故事〉後面一小段。還有很多衛生棉廣告我唱過囉，『圓滿意圓滿意真滿意……』。」她邊說邊唱，我們都笑成一團，好像回到小時候。「前陣子還在播陳揚做的『豐年果糖，是好糖』，那是我的聲音。」她又出其不意地唱一句：「華～歌～爾」。聽了這麼多年的廣告歌原來是她唱的，我們都哈哈大笑。

「唱廣告歌是很好的訓練，因為必須很準確、很短，譬如唱『圓滿意』，要有十八歲的聲音，唱『新寶納多』，要有媽媽的聲音。」

〈橄欖樹〉紅了，她去金門宣傳，「對面都在放這首歌，還廣播：『台灣同胞，你們別流浪了！回歸祖國吧！』所以那時候〈橄欖樹〉新聞局沒通過，因為你流浪遠方，流浪什麼遠方啊？意識不明！歌可以出版，但不能在公共場合播放。」

齊豫講話表情很多，一會兒眉毛一高一低，一下子又擠眉弄眼。談起歌迷要聽的永遠都是她早年的作品，她才顯得稍微嚴肅一點。

「這點我其實非常清楚，我也是別人的歌迷，我聽羅大佑的演唱會，他不能不唱〈童年〉、〈戀曲一九八〇〉，他再難過我還是要聽，所以每次人家要求我唱〈橄欖樹〉我也不會排斥，都像第一次唱，這首歌沒辦法隨便唱，只要一閃神音就不準，樂隊就走調了，李泰祥的歌，他不容許你放鬆的。」

也因李泰祥的歌難唱、難演奏，在餐廳秀風行的時代，反而保護了齊豫，沒讓她很快把自己消耗殆盡。「那時大家都在作秀，一個禮拜可以賺十萬塊，我就想，我做十檔就一百萬，結果做了七天就不行了，沒辦法唱，你在台上唱〈橄欖樹〉，人家在下面吃牛排，就不合嘛。」

多年來，她的專輯出得少，偶爾在別人的演唱會上唱兩首歌，卻不曾像許多當紅歌手那樣在賺錢上顯得迫切焦慮，「我爸爸形容我像青蛙，餓了就出去打兩隻蒼蠅，下回再餓，又出去打兩隻。」她笑得格格的，「他們都說我坐在金山上，為什麼不伸手去拿呢？可是我覺得我拿不到那個錢。」她卻也從不缺錢，偶爾搖一搖橄欖樹，總能掉下幾片金葉子。

她父母性格都很強，父親是第一屆國大代表，母親教書，在齊豫讀大一時離婚，母親遠走美國。齊秦青春期叛逆，喝酒、蓄長髮被關進少年感化院。那時齊豫還沒紅，據齊秦後來的描述是，當別的同學週末都在玩樂時，齊豫每週從台北轉幾趟車到彰化看他。

齊豫聽了就笑，「他把我太神化了，大學時也不一定只有週末能玩啊。」如今說來淡淡的，但那時父母離婚，社會氣氛緊張，弟弟又在感化院，那必會使人恐懼無助。她那時開始寫日記，「有時候回頭看看那些日記，其實是不太舒服的，會想：『有這麼悲苦嗎？情緒真的這麼糟嗎？』現在心情比較平了，可以銷毀了。」

她的父親從小失學，把念書看做是人生第一要務，嚴格而權威，「他永遠都覺得我們不夠好。」她順著父親的意，考上台中女中、台大，但一直很沒自信，後來唱歌有名了，才有了自信。

即使專輯《橄欖樹》紅遍華文世界，她仍在台大畢業後，立刻出國讀書。美國兩年，她沒拿到碩士，卻與美國人結了婚，十年後離婚，又與李泰祥的弟弟李泰銘結婚，生下女兒，七、八年後離婚。

我在唱片行看著齊豫的一張張專輯，忽然有一種感覺，她最美好的那些歌，幾乎都是李泰祥作的，她是李泰祥第一個弟子，當時青春正茂，李泰祥最好的歌也大都給了她唱。那麼，李泰祥應該是她最初愛上的人。

這樣問她，她有一絲尷尬，「那也不能說是愛，的確會非常欣賞他的才氣。可是他有很多女朋友啦。」她故意把女朋友唸成女ㄆㄧㄢˊ友，「在那個時期，我不是他女朋友。」她笑得有點誇張。我說，那樣的歌，一定要在戀愛的狀態下才寫得出來。她說：「他的確是這樣，所以他每個時期都在戀愛……。」

後來的變化很大，她兩次結婚離婚，和前夫都成了好朋友，李泰祥則得了帕金森氏症。那些糾葛往事也真是說不清了。

齊豫說什麼都頗坦然，只有講起女兒稍稍保守些，那是她最後的堡壘，「她小學四年級了，有時候在她爸爸那兒。」「有了女兒，我對錢的觀念也稍微改變了，以前可能會懶得去演唱會，因為我不喜歡把自己放在那種情境：要化妝、要碰到記者、歌迷簽名……，可是有了小孩，就想好吧，就賺點錢吧。」

但她也很清楚自己在流行市場的位置：「我的歌已經沒辦法給現在買流行歌曲的年輕人任何養分。所以我不能這樣巴著不放。何必把自己放在那樣的狀態？」

她偶爾還是會回頭聽自己最早的聲音：「前面兩張專輯音色最嫩、最沒雜質，可是也比較沒有經過事情的感覺，〈歡顏〉很悲苦，可是唱起來還是滿開心的。」

那時唱歌是李泰祥教的嗎？「我完全是自己原來的唱法，他也不會特別去管，這也大概要有點天賦吧。音質是天生的，很多歌手能獨樹一幟，那就是老天爺給的。」

這時她又有了自信，原本用來遮住臉的頭髮，也稍稍撥開一些。

我們走下樓，一個認識她的人從正面走來，突然說了一句：「妳怎麼二十年沒變啊！」這一刻真令人百感交集。齊豫不能老，不能滄桑，因為她如果老了滄桑了，也等於提醒眾人：你們都老了。再怎樣，她只能把滄桑藏在心裡。

2003.12

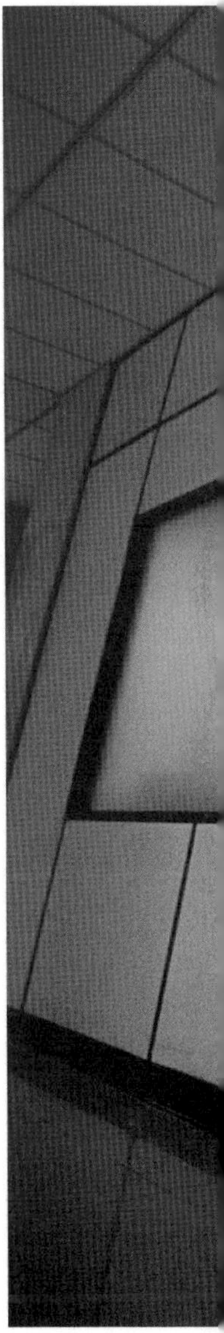

我們很難忘記，當年是法醫楊日松勘驗尹清楓屍體，才將命案由軍方所稱的「自殺」改為「他殺」。案子至今未破，二〇一一年楊日松去世前，一定帶著些許遺憾。年輕時他選擇了一條辛苦寂寞的法醫之路，多年來，屢屢以豐富的知識、經驗，以及對現場細節的敏銳觀察、大膽判斷，協助檢警破獲無數刑案，而成為家喻戶曉的「神探」。退休後，他仍擔任刑事警察局顧問，不願休息，每天讀書讀資料、出門解剖。他說最高興的時刻，就是偵察人員因破案而升官，或警察破不了案時，來找他一起研究。我仍記得大家一起吃飯時，他看我寫筆記，便微微偏過頭來看看我在寫什麼。我也連忙遮蓋不讓他看，如此幾回。好奇心對法醫應該是很重要的特質。

剖開真相的手

楊日松

七十六歲的老法醫楊日松與我握手，他的手乾淨而溫和，握完很久以後，我才意識到那雙手，曾經打開過幾萬具悲傷的屍體啊。

我們來，他親切地鞠躬，坐下談時，他怕自己說話不夠清楚，還拿來紙筆，隨時寫給我看。他的辦公室保持著幾十年來的樣貌，沒有顏色似的，舊的白牆、舊的布沙發、一套不銹鋼烤漆辦公桌、書櫃。

老法醫是苗栗公館客家人，受日本教育，戰後才重新學中文，加上年紀大了，說國語稍稍吃力，要以紙筆輔助。他原先很抗拒採訪，怕人家把他寫成英雄，後來我們答應他「把法醫跟檢察官、警察合作辦案過程寫出來」，他才願意。

他還準備了一套很重要的「知」的論述，要我幫忙呼籲社會大眾。在幾個小時的訪談中，他五度提起「知」的重要性：「『知仁義』是五千年來中國的道德，孔子、孟子的時候，『知』也都是第一個道德。你看看我們的證人，明明看到某人殺人，可是問他，他就說：『我嘸看到』，裝作不知道。這個第一的道德，應該是我們知道就要公開講出來，現在都暗康（暗藏）住了。」

「辦案子，很多人都哭哭啼啼的，問他那人是怎麼被打死的，他說我和我朋友有義氣，不能講。很多案子難破，是知的問題。現在隱瞞的還是很多，有些證人，一審二審都不來，三審才突然出來作證。證人不講實話，法官要花很多時間判定啊。」

老法醫頭髮都稀疏花白了，皮膚卻很好，精神氣色也好。笑起來是那種與世間已無爭執計較的純真笑容。

日據時期，他父親是小學校長，後來做桃竹苗地區的司法保護會會長。楊日松排行第五，有四個哥哥、一個妹妹。大哥楊日恩原本讀法律，因看不慣日本人不公平的裁判，改念醫學，還兼任過法醫。「我到日本從中學開始念，奮鬥十二年。我小孩子的時候，台灣人跟日本人打官司，到法院，台灣人總是輸，台灣人很不平很不滿。」

回台後，他進入台大附設醫院專修科，跟隨日籍老師上野正、鎌倉。「我的老師沒有民族觀念，日本人犯罪，他也會證明有罪。光復後，他們被留用。當時車站有很多騙子，萬華車站最多，買東西皮包一下就被搶去，搶走以後還說：『你搶我的皮包！』警察也好像跟壞人掛勾。有一次一個女孩子皮包被搶還被誣賴，我就用裡面的一把梳子證明皮包是她的。我請警務處的鎌倉老師幫忙，破案了，我才開始對警察有好感，我就給他當法醫，一當當到現在。」

他微微一笑，好多往事在這微笑裡迴盪。當時他的同學都做了醫生，只有他選擇法醫這條沒人願走的路。

他給我們講「三刺五聽法」，就是以各種技巧探問實情、判斷真偽。他提到一九四六年前後，刑警還曾以「扮閻羅王」的方式審問人犯。「很有效果，我們這裡有一個……」

說著他起身往裡走，我們趕緊跟著他，來到一個小房間，還沒進門我就看到裡面的情景，立刻倒吸一口氣，沒辦法，默念一聲佛，才勉強抬腿走進去。

這是一間已經很少使用的解剖室，空氣滯重，正中央是一座鋪著白磁磚的解剖台，旁邊靠牆的檯子上，擺著幾個玻璃罐，分別用培養液泡著：一顆人頭、一隻手、一隻腳。人頭的臉色慘白，頭髮、鬍子都茂盛而黑，眼睛雖閉著，但我相信每個看到的人都會害怕他隨時可能睜開。看過這顆人頭以後，旁邊的手、腳，以及周圍的幾顆骷髏頭都不算什麼了。

只聽見他說：「這個鬍子刮掉又生出來了。」算是介紹我們與人頭認識。他要講的是旁邊那幾顆骷髏頭。「他們（指以前的刑警）把水滴在頭骨上，電燈一關，頭骨裡有磷光會發亮。帶犯人過來，把頭骨指給犯人看，說：『剛剛你講的不對哦！這頭骨很靈，你要講實話！』犯人差不多這時候就會說真話了。現在這種擾亂人心的事情我們已經不做了。」

走出小房間，他邊走邊說，從前有個分局長來訪，看到發光的頭骨，嚇得昏過去，大家找他找了一夜。他呵呵笑著，覺得很好玩。

回到辦公室，我問他那顆人頭的事。他說，那是五〇年代發生在新店屈尺的命案。那人叫孫伯英，是個退伍軍人，領了不少退休俸。朋友覬覦他的錢，將他打死分屍。後來頭、手被人發現，「那時要給人認屍，我就用培養液保存，結果竟然有鬍子生出來，大家嚇一跳，後來才知道是工友把福馬林、酒精、消毒水的比例調錯，皮膚沒有死，我給他刮鬍子，刮了又生。」

「後來案子破了，沒有人領他，他在台灣沒有家人，很可憐，我們就把他留在這裡。外勤有時候破不了案，就來拜拜，回去就有靈感，幫我們破了不少案子。我們每年中元節都拜他。」

我很後悔當時沒細問他，那種活化細胞、美白肌膚、促進新陳代謝的培養液該如何調配，否則定能造成美容界的轟動。不過聽了人頭的故事後，原先的懼怕竟也轉為親切，類似的老兵悲劇，我們其實是很熟悉的。

可能是做法醫五十多年來案件太多，楊日松有時思緒跳得很快，與我們形成雞同鴨講的局面。他也不太講個人心情，問他，他往往答：「是是」，就跳到另一個久遠以前的案子上，好像他從未想過這種無意義的「個人小事」，認為該把時間用來呼籲社會大眾。

「所以我們今天的結論，就是請你把這個『知』的道德呼籲一下。」他突然做了結論，我很怕他就這樣結束訪談，忙要他多說一些。他就說了一段歷史。唐朝高仙芝的部隊被大食國斷尾，後勤的軍醫都被帶到巴格達的「智識學院」教書，根據這些醫官的知識，要判定士兵在戰爭中是否有功，就要看受傷部位。如果是正面來的，表示沒有逃，就是有功。

「我們中華民國也發生過，在士林官邸，突然有人拿槍要去刺殺老總統（蔣介石），那人以前是侍衛，被長官認為做得不好調走，他很氣，衝進官邸開槍，被擋住，幾個人受傷。結果一個將軍就問我每個人的受傷部位，他懂高仙芝的理論。我檢查有兩個隊長是背部被打，這就是逃兵，有個小兵正面被打死，他立了大功。」

一九七七年江子翠分屍案發生後，楊日松每天要把頭顱從福馬林液裡拿出來給一波波前來認屍的人看，結果染上癢入骨髓的屍毒。起初怎樣都治不好，痛苦難過時，他也曾灰心感嘆，同學們都是醫師，他卻做了既辛苦又不賺錢、還會染屍毒的法醫。

後來吃燒酒雞、用米糠水洗澡，一年多後才痊癒。他很好心，好像怕萬一有人染上屍毒似的，告訴我煮燒酒雞的材料：「四瓶米酒加四物」。

八〇年代，台灣刑事案件增多，法醫素質不高，斷層嚴重，楊日松被民眾視為包青天，受害家屬不信任別的法醫判斷，都指名要楊日松親自勘驗，案件多時，往往南北奔波，有時一天要看四、五件，他不堪負荷，幾度辭職，都被留任，一九八九年他六十二歲時再辭，被當時的警政署長莊亨岱留下，請他任終身職。

也就是在這一年的十二月底的一天，他正準備出去勘驗屍體，突然叫了一聲，慢慢倒下，眾人要送醫，他堅決不肯，說休息一下就好。助手曾燁塘只好打電話找他的妻兒來勸，他還不肯，要抬他時，他大發脾氣，用勉強能動的左手，沿途抓住桌椅、門框，就是不肯去。後來入院，也天天吵著要出院。

楊日松不肯承認這次中風。他說：「那是屍毒復發，人家以為是中風，其實不是。」但跟隨他十多年的曾燁塘很確定地說，是輕微中風。「後來是靠著他的意志力復健才好的。」一九九七年，楊日松正式退休，在刑事警察局擔任顧問，每週三天，早上八點來上班，上班前到公園走路運動，每天走二萬步。

一位在刑事局做鑑識工作的年輕巡官說，如果不需要出去解剖，早上總能看到楊日松讀報，讀完報，就坐在桌前讀法醫方面的書。「我很佩服他，退休後還不斷進修，他也常勸我要多讀書，或出國進修。」

不用來上班的時間都做什麼呢？楊日松很自然地說：「在家也是讀書、讀資料啊。」最近尹清楓案滿十週年，案情似乎有些新進展，他前一天才去高等法院做過報告。十年前，是楊日松勘驗了尹清楓的屍體後，案情才由軍方所稱的「自殺」急遽轉為「他殺」。

敏感的案子他不願多透露情節，就像他也不太說家裡的事，我們只能從他的助手曾燁塘那兒探知一些。他有五個兒女，老二在台中中山醫院做眼科主任；老三是海軍，今年初剛升少將，楊日松很高興，在辦公室說了好幾次。妻子幾年前去世後，他跟老三一家分住樓上樓下。

中午我們與楊日松和幾位警官一起吃午飯。年輕警官跟他沒話講，也不知從何說起，所以席間都自己聊天，開玩笑說對方應該升什麼官，偶爾敬他一杯酒。楊日松則笑瞇瞇看著他們，有時也發一會兒怔。他看我在寫筆記，便稍稍歪頭探看，我也用手微微遮蓋筆記，他便不看。過了一會兒，他又歪頭探看，我仍以手遮蓋。

看他很少動筷子，問他怎麼吃得這樣少？他似乎怕給人添麻煩，悄聲對我說：「這些不是我吃的。」上來一道魚，他吃了一口便放下筷子，說了一個水族館殺人事件。早年台北市立動物園還在圓山時，曾發生一件命案。一個人深夜在水族館偷了一條「鳶魚」，拿到附近餐廳料理，吃完不久竟死了。起先查不出凶手，後來楊日松勘驗，說這種魚，體內有致命的尿素，需先泡水一整天，再燙煮過，才能食用。他說：「所以大家在找凶手的時候，卻不知凶手就是那條魚。就是我們現在吃的這種『鳶魚』。」於是我也默默放下筷子。

我請他提供舊照，他答應下次見面時帶來他穿海軍領衣服的照片。下次見到他，他卻拿出幾張分屍案的照片，說：「這種照片人家比較愛看。」

做了五十多年法醫，最高興的還是破案——雖然他常常是看到報紙才知道破案了。但無所謂，那是真的高興。他笑嘻嘻說：「每次我們幫忙破案，偵察官升級，一升兩級三級，我們就很高興。以前我們破案讓凶手也心甘情願，等到十五年二十年坐牢回來以後，還會來看我，叫我：『楊博士！』說謝謝我們的刑警。」

他說到從前看一些日本同學、老師做研究很有熱忱、投入很深。我問：所以你也想一輩子都這樣做？「是、是。」不會覺得自己年紀大了，想休息了？「沒有沒有。看到破案，或是偵察人員破不了案，他們來找我一起討論，我高興得不得了。」

法醫室的年輕鑑識人員說，有一次跟楊日松去解剖一具無名屍，屍體已經過兩位法醫解剖。為了證明死者身分，要採檢體給報案家屬做ＤＮＡ比對，但採樣多次都沒採好。後來請楊日松去，「抵達時大家一窩蜂去採檢體，要帶回去驗ＤＮＡ。只有楊博士去檢視死者的面頰，發現面骨打了好幾根鋼釘，表示生前曾受傷，這樣就很快查出他的身分。」

楊日松站在門口拍照，有點拘謹地微笑著，這天陽光很好。我不禁想到，同樣的陽光底下，仍有許多未被察覺的凶手，也在警醒地活著啊。

2003.12

尋找真滋味

朱振藩

美食家朱振藩大學聯考考了四次，法律系畢業後考進調查局，負責員工吃、住的行政工作，眼看就是一個可以安逸等待退休的人生。他從來沒想過他的後半生，可以有這樣奇特的轉折。多年前，他努力想在平凡的生活裡找到一些成就感，便以幫人算命為副業，因為常與學面相的學生在外尋找美食，久了，發現美食才是他人生的歸宿。他身形胖，說話緩慢，面對美食，卻有如一隻爬蟲類，不動聲色，卻極為敏銳。因為專注，因為努力，他成為台灣最知名的美食家之一。他帶領的名人美食團，也成為台北嗜吃文化中的奇景。

朱振藩在調查局工作，初識的人不免對他敬畏三分，總覺得他隱藏了什麼不欲人知的事。及至見到他嗜吃如命，一談到食物，便屢屢嚥著唾沫，加上他體重近百，說話慢慢憨憨，好像一隻大爬蟲慢慢爬向食物，那樣專注、再無二心，便又覺得他應該是單純的。愛吃的人令人放鬆戒心，只要他愛吃的不是人。

一般人想像裡的「美食家」，應該年紀很大，吃過的鹽比我們吃過的飯還多。四十六歲的朱振藩，比起美食家逯耀東或已過世的唐魯孫、梁實秋等人，年紀、歷練似乎差很多，但從他出版的好幾本書、同時開的幾個專欄、上廣播電視節目不斷來看，他的確是這十年來，竄升速度最快、知名度最高的「美食家」。

朱振藩邀我們去他永和的公寓裡看看他的書房。他的書房是頂樓加蓋，陳設儉樸，書又多又雜，歷史、書法、命相、飲食……，說明了他前半生興趣的演化。

「我從小就是這樣不務正業，我考大學的過程很坎坷，第一年考上文化美術系，我媽不讓我念；第二年考上文化哲學系，還是不讓我念；第三年英文考零分不能分發，我只好去當兵。回來再考，英數加起來只考三分。但其他四科加起來卻有三百八十幾分，考上輔大法律系。」

他的父親是江蘇人，二十三歲就做了法院的書記官長；來台灣後，做過法院庭長、院長。他的伯父則做過高檢處主任檢察官，表姑父做過最高法院院長。朱振藩是家中老大，家族後輩只有他學法律，眾人希望都落在他身上。

「我大學時有兩個綽號，一個叫半仙，因為我很會算命；一個叫鐵補，每次補考都有我。大四那年我父親看我一副沒出息的樣子，他那時在板橋地方法院做庭長，他說：『最近法院要招法警，你就來報名吧。』我聽了很氣，正好知道調查局招募，只考國文、近代史、國父遺教、憲法，我都不需要念，去報名就考上了。」

他在調查局先做了兩年調查員，後來因為實在辛苦，就轉至事務組。「我現在的工作是管我們全調查局的外燴、點心、便當、宿舍、據點、辦公室。」

朱振藩父親雖不太做菜，卻很懂吃，來台灣娶了嘉義太太之後，口授許多好菜。母親廚藝大進，也培養了朱振藩對於美味的感受能力。他在金門當兵時，吃泡麵都要加條魚還配著酒。

在他還不是知名美食家的時候，曾有一副業，便是每週兩天晚上，在永康街朋友的高爾夫球店裡幫人算命，週六下午再開班教謀略、面相。週六下午容易瞌睡，朱振藩只好談論美食以喚醒諸公，果然大家都振奮起來還做筆記。發展到後來，乾脆課後一起去大啖美食。漸漸吃出心得以後，「我就對算命突然失去興趣，反而從飲食裡找到了我真正的歸宿。」他有點害羞地說著，恐怕連他追到他太太時，都不曾這麼說過。父親原先對他又開始熱中美食不太以為然，「後來看到我的書一本一本出，也就釋懷了。他對於我兒子三歲就會吃鯽魚比較得意。」

朱振藩有一個成員大約五、六十人的美食團，這些人大多來自企業界、文化界、學術界，遇到也許哪家餐廳老闆請客，或他的哪個有錢朋友作東，他便從中挑選十一、二人，像配菜那樣配置好各樣的人（一定要有會說笑話的），大夥兒一同朝著美食邁進。如果沒人請客，便各付各的。

我有幸見識了這樣的陣仗。地點在一家五星級飯店的川菜廳，是他的一位有錢又愛吃的朋友請客。坐在十三人的席間，我幾乎一人不識，旁邊的人安慰我，從前大家也不認識，後來吃多了就認識了。

這情景很像家庭賭場，成員不複雜也不簡單，大家每次都在桌上見面，一回生二回熟，都為共同目標——吃美食，而努力。

第一道點心是蘿蔔絲餅。大家都凝神靜氣，只等「朱老師」評論。朱老師咬了一口吃下，像耶穌一樣緩緩對著底下十二門徒說：「做得很細緻，不過跟上海小館比，上海小館雖然較粗，但比較美味。」大家領略一笑，才跟著舉箸。

朱振藩說自己不做違心之論，他說，一次一位懂美食的朋友請他在家吃飯，夫婦倆準備幾天，燒了一桌菜。吃罷問他如何，他不知該如何回答，半天只說了句：「還好。」結果以後人家再也沒請他。

我說，做美食家簡直比做皇帝還好，他自己一樣菜也不會做，大家卻爭先恐後地燒菜給他吃，只希望得一句好評。他笑說：「其實皇帝吃的還不見得是好東西。光緒皇帝被關在瀛台時，大家都欺負他，雖然每餐有二、三十樣菜，但要不都是腐臭的，就是涼的。有次他跟慈禧抱怨，慈禧震怒，說皇帝要做天下榜樣，怎可如此奢侈！」

朱振藩的記憶力很好，吃到某些情境時就會自然講出故事。他的文章裡也大量引經據典，然而往往引用掌故太多，個人觀點太少，反而給人自信不足之感。他因工作規定不能去大陸，卻也能引用資料，寫出許多大陸飲食文章。

不同於許多美食家吃東西多以品嘗為主，朱振藩重質也很重量。他說他前一天才看了電視冠軍的大胃王，他慨嘆自己當年應該還在這之上。「食物不光只是嘗味道，還要經過吞嚥的過程，才能體會到它真正的滋味。」說時他又嚥了兩口口水。

他對美食的想像力十分豐富，好像美食可以呼之即在眼前。這種想像力和永不飽足感，似乎只有經歷過文革、饑荒的人才會有。

後來他又帶我們去吃了他極為推崇的「上海小館」。這家不太起眼的餐廳在永和文化路的小巷裡，在美食界卻是鼎鼎有名，與朱振藩的家只有幾巷之隔。他多年來一直住在這一帶。「我不離開這裡，因為附近的頂溪捷運站方圓兩千公尺內，是台灣美食的聚集地。」

小菜上來。先吃黃泥螺，朱振藩說：「這是蔣介石的最愛，這裡做得不錯，不像一般做得死鹹。」另一道夫妻肺片，他介紹了掌故以及材料如何從牛肺片改為牛的臉頰肉、舌頭和牛肚。

講到臉頰肉較嫩，朱振藩說起故事：「冒辟彊（董小宛的丈夫）有次請客，殺了三百頭羊，每頭羊只取兩片臉頰肉。」

這話可不能被證嚴法師和她的弟子聽見。但我們這些良心被貪吃蒙蔽了的人，已經吃紅了眼，聽了故事之後不知不覺又多夾了幾筷，真是好吃極了。

朱振藩特別請老闆馮兆霖做了鮮魚煨麵。煨麵上來時，光看外表還不覺如何，其上有一條煎過的石斑（平時是用紅目鰱）、花蟹、對蝦（小的明蝦曬乾）、煎蛋等等，湯色白，是將魚骨以小火慢熬而成。我們各盛一碗，喝下湯後大家眉開眼笑，湯汁極鮮美，麵也好吃。

朱振藩見我們吃得高興，他也很得意。問他遇到好餐廳的機率如何。他嘆道：「很少，逐年遞減了，廚子基本功好的很少，花俏功的愈來愈多。四五六上海菜館的老闆曾跟我說，當年做學徒，要兩、三年才有端盤的資格。端盤，主要是端出去時，可以用小指頭沾一下湯汁一嘗，才知道那是什麼滋味，以後燒菜心裡才有數。等到能夠從學徒做到小師傅，就努力去燒出那個味道。現在根本沒有什麼基本功了。」

看他每天美食行程安排得滿滿的，我問他每天這樣吃，難道不會有厭倦的時候？「不會，我胃口一向很好。《唐稗類抄》裡記載，唐憲宗宰相李德裕，曾有僧人在他遭難時告訴他，他一生可吃一萬頭羊，現在已經吃了九千五百頭，還剩五百頭。後來有不知情的人送他五百頭羊，他慘然問僧人：『如果我不吃，應該就不算了。』僧人嘆道：『羊已經來了，就已經是屬於相國了。』不久，李德裕就死了。」

朱振藩的意思大概是，人能吃多少都有定數，不需煩惱。但聽來還是恐怖，於是大家吃著吃著就突然慢了下來。

2003.11

拔劍四顧心茫然

魏京生

採訪完魏京生，我陷入一種矛盾之中。究竟該不該用對一般人的標準，來看待一個長期遭到政治監禁的人？要求他一定要謙虛，一定要如一般政治人物一樣，說出讓人不覺突兀但實際上很虛偽的話？二〇〇二年魏京生來台灣的目的之一，是為了幫參與高雄市長選舉的老友施明德造勢，那次高雄市長選舉施明德注定落選，施明德一定很困惑，為什麼這個他曾為之犧牲二十五年青春的社會，是如此無情？

我沒有答案，只能把採訪所見寫下來。

魏京生的臉上常常不經意浮現出一種迷茫的神情。上節目錄影時、座談會裡，只要不輪到他說話，這種神情就會悄悄出現。有時他迷茫地看著講話的人，有時他眼睛的落點好像在另一個時空。但你可以猜想，他其實沒有在聽別人說話。

可是一輪到他，話語又立刻像一個個齒輪扣著密密的齒鍊，流暢地轉動起來。這次來台灣，他的行程滿檔，媒體採訪、拜會政界人士、上電視……，每個場合他都要不斷地說話，不斷地對每一件事情表達意見。

他有一種可能自己也沒覺察的說話習慣，見了誰他都說對方想聽的話。與台聯吃飯，他說李登輝好，說馬英九不適合做總統；見龍應台，說當初反對她做官，現在覺得她應該繼續幹下去；遇到李慶安，立刻為她的舔耳案抱不平，說她是監督政治，不該道歉；見了學者盛治仁，讚他是有學問的年輕人；看陳文茜的小狗跑來跑去，說這小狗挺好，不認生。

這種隨時保持說話狀態的生活，是從一九九七年十一月，他在北京坐了十七年政治牢之後「赴美就醫」，成為海外中國民運的最重要領袖開始的。在他的飯店房間裡，他一坐下便點起菸，說：「我在監獄待了那麼多年，特別安靜，一年裡沒幾個人跟我說話，出來以後又特別不安靜，我經常出去說話的時候精神抖擻，說到最後，我還要說，別人說夠了夠了。但我一回房間，馬上要休息。」

赴美五年，其實這樣忙著說話的場合愈來愈少了。五年前，魏京生一出獄便直接上了往美國的飛機，接著是柯林頓接見、全世界媒體的焦點、各大學爭相邀請。他選擇哥倫比亞大學待下，校方聘他為研究員，提供他永久的辦公室、公寓、資源。

然而，三年後，校方認為「三年多來，魏京生對哥大的學術研究毫無貢獻」，請他離開。哥大的知名中國問題專家黎安友說：「魏京生在處理中國問題上提出的建議不切實際。」「哥大資助他，是希望他能多撰述報告、寫書，分享他推動民主運動的經驗，但他惜筆如金，也未與院內師生來往，對學校毫無貢獻。」

打擊接踵而來，海外民運內部許多人覺得魏京生個性固執、不切實際（例如他主張美國應斷絕與中國的所有經貿往來、反對中國民主黨建立等），加上民運資源有限、分裂不斷、彼此攻訐，許多原先擁戴魏京生的人後來都一一離去。

魏京生抽菸一根接著一根。每點一根新菸之前，都要拿到鼻前深深一嗅。他說那是坐牢時養成的習慣。每次提審，牢友就提醒他要撿菸頭回來，「撿回來大家就像過年似的，每個人先聞一聞，享受一下，再抽。」

五十二歲了，他的皮膚還很白淨，沒有皺紋。我說年輕一代的民運人士說他不肯妥協，觀念不實際，很多事反而辦不成。他說：「根本不是！既然是對的為什麼要妥協？『天安門一代』（民運組織之一）那些年輕人什麼都聽我的，基本上認為我的意見就是他們的意見，我是他們的領導，至少是精神領袖。少部分主張妥協的那些溫和派，大部分都有親共產黨的背景。」

我有些驚訝，他點名說了幾個人，又繼續：「中國民運裡的人本來就很複雜，特別是八九年以後，我出來以後很重要的工作，就是把立場確定了，你是這個立場就過來，不是就走人。現在隊伍慢慢清楚了，當然絕大多數人都在我這邊。」

「我有個很深的感觸，真正看不起中國人的是中國人。外國人即使恨我，一定非常尊重我，他知道你這人的地位已經是無以復加了，幾乎就是聖人這種地位了，怎麼可以不尊重呢？只有中國人，他們覺得你跟我一樣是中國人，你算什麼？不過有名一點而已。中國人糟糕就是這種民族自卑感。你看西藏人，大家一起捧達賴喇嘛，達賴臉上有光，所有西藏人臉上也有光。咱們中國人總是自己人想踩自己人，我已經這麼高的地位了，你還來踩我，踩完了其實你自己丟人。」

他光著腳丫盤腿坐在沙發上，他現在的頭銜是「中國民主運動海外聯席會議主席」，他說，海外有幾千名成員。這次來台灣，民聯的副祕書長特別從日本趕來陪他，幫他安排行程。訪談中間，副祕書長隨時起身幫他收拾桌面，火柴用完了，魏京生頭一偏：「拿火柴來。」他便去拿。

我想到書裡有一張他在監獄裡拍的照片。那時他很瘦，清秀白淨，抱著他養的兔子，側頭微笑，笑容裡有一種很純粹的、充滿夢想的神氣。

他出生的一九五〇年，是中共建國第二年。父母都是知識分子，在政府裡階層頗高。他從小聰明，表現好，家裡也刻意培養他。然而，讀完初中，遇上文化大革命，學校教育至此結束。他在北京動物園做電工，七八年在民主牆上貼大字報，主張「第五個現代化」，隨即被捕入獄，九三年第一次出獄，六個月後再度被捕，直到九七年赴美就醫才得到自由。

獄中的魏京生已是舉世知名人物，各界不斷呼籲中國釋放他。因此，九七年赴美時，他全身有如金光籠罩一般。然而，五年來，資源不足，只靠外界捐款做民運、還要生活，他被錢磨難著，被同志磨難著，被美國政府磨難著，金光逐漸淡去，才發現自己身上原來什麼也沒穿，他得自己去張羅吃穿。

他仍提著當初那把對抗獨裁政權的劍——劍鞘早已不知去向，只是敵人已從共產黨變成了美國政府與資本家。他覺得他們想用錢來操弄他，他得跟他們作戰。在美國這個陌生之地，他拔劍四顧心茫然。

他講了很多，講美國政府如何操弄中國民運；講募款的困難；講這次來台灣之前，他在澳洲丟掉了所有證件，「最大的嫌疑犯是阿扁」，因為阿扁不想讓他來台灣為他的老友施明德造勢。

誰都有可能是他的敵人，媒體、政客、民運同志、美國人、中國人、台灣人、老朋友、新朋友……。老敵人共產黨有時反而是最不具威脅性的，因為那至少是他熟悉的——雖然這個共產黨也變得快讓他認不得了。

他講到共產黨幾番阻撓他得到諾貝爾和平獎時，微笑著說，九三年第一次出獄，一位當官的朋友到他家吃飯，朋友說：「你可真壞，每年害國家損失幾十億美元。」意思是中國政府為了對瑞典政府施壓，每年都得向瑞典購買高價的鑽井平台。

共產黨仍把他當作重要敵人，他心裡是高興的，至少證明了他的存在價值，好像每年都要確定一次從前的戀人至今仍愛著他。後來他又細細講了他過去的戀愛經驗，每個細節都記得很清楚。

如今他已五十二歲，這幾年常有人幫他介紹女朋友。「但沒有一個能成的。最大的原因是我太有名，第二是我太窮，第三是我沒有長遠的工作。有時我一出國幾個月，也沒時間打電話，人家就說我不重視她，我說我第一大的事情是民運，人家就不談了。後來別人都勸我，一定要跟女孩說妳是第一位，就算是假的。」

他呵呵笑起來。他二十出頭時，已與女友同居了（當時在中國是犯法的），現在年紀老大，反而不知怎麼跟女孩相處。

美國人期待他一去便成為思想家，然而以他的年紀，從頭學英文、再讀書，何其困難。「國會裡好多人勸我把英文學好，他們的意思我懂，英文好一點，能直接談話，空間會大很多。但問題是英文要好到能搞政治，沒有五、六年是不可能的。而且五年不幹事，事情整個就沒了。」

「我從小喜歡看書，但是我現在最怕進書店，一看就想買，買回去也沒時間看。我視力很差，從監獄出來視力退化，看書超過兩小時，眼睛就花了。就算有時間，大部分也要用來寫東西，就沒法看書了。」

魏京生開快車也是有名的。他一到美國就自己開車，「開快車第一是為了趕時間。第二，如果有搗亂的人跟著我，我開快就會發現，因為路上沒人開得那麼快，這樣我比較有安全感。我出過幾次車禍，全是因為開得太慢。」

兩年前他的紐約駕照終於被吊銷。他又偷偷開了兩年，最近剛在他住的華盛頓特區拿到一張新駕照，準備開始新的人生。

2002.12

採訪莫言時，距離他二〇一二年獲得諾貝爾文學獎還有九年。我們在北京和台北兩地採訪他，談他的寫作，談他失眠、多夢、憂鬱，清醒時和夢境中，腦裡纏繞不去的都是情節、人物、結構，以及每部作品都要超越前一部作品的煎熬。

他又說自己剛剛讀老作家段彩華和朱西寧的小說，「讀完以後大吃一驚。我們現在都不一定能寫得出這麼好的東西。」我說，社會主流變了，兩位老作家的晚年落寞。莫言很驚訝，安慰似地說：「好的作家，再過多少年還是會被重新發現的。」

我想到他說得諾貝爾文學獎的意義：「無非是你的名氣更大一點。但你自己心裡還是有數，如果你從此寫不出更好的作品來，你的痛苦會更加深……。」

寧可走一條幸福路

莫言

我們在莫言的房間門口按了幾次鈴，半天沒人答應。再按，他卻從樓梯口走過來。原來是去樓下接我們，撲了空又回頭。這兩天台北冷鋒過境，他只穿了件藍色襯衫，跟上個月我們在北京見到他時，穿的好像是同一件，那時北京比今天還冷。

台北國際藝術村是台北市政府給駐市的國際藝術家、作家住的地方。房間比一般旅館大一半，爐台、冰箱、微波爐一應俱全。莫言在流理台架上掛了一件汗衫。他因為用不慣大家共用的超大洗衣機，也怕浪費水，便買了臉盆，自己洗衣服。

房間很大很高，莫言的東西不多，房間顯得空蕩蕩的。牆上的小書架擺了幾本書，幾個小藥瓶，其中一瓶是抗憂鬱的百憂解。我當下覺得好像看到了什麼不該看的，立刻別過頭去，隨口問起他這幾天在台北看了什麼有趣的東西。

他笑說第一天就在電視上看到了鄭余鎮和王筱嬋的新聞。「挺好玩的。這顯示了台灣言論的自由，雖然這還是挺無聊的。」他問王筱嬋是否就是和章孝嚴鬧過緋聞的那個。我答是。他說：「大陸都知道這事。」是因為章孝嚴是蔣經國兒子的關係才報導的嗎？「這肯定有關係。如果是發生在台南縣的某個農民身上，大概就不會報導了。」說的也是。我觀察到他的頭髮雖不多但梳得很整齊，右側還用一個黑色的小髮夾別住，大作家立刻溫婉起來。

在高行健得諾貝爾文學獎之前，莫言是中國得獎呼聲最高的作家之一。他二十三歲開始寫作，今年四十七歲，一九八七年以張藝謀改編的電影同名小說《紅高粱》聞名國際，至今出版八部長篇小說、二三十部中篇、六七十部短篇。每一部小說都因為形式創新、內容詭奇而引起一陣大浪，至今仍是一波未平一波又起。

有趣的是，莫言年輕時是穿著軍服寫小說的解放軍。他一九五五年出生山東高密東北鄉的小農村，文革時農村青年最大的理想就是逃開農村，到外地去當工人或當兵。

他入伍當兵，解放軍裡有文化部，養了歌舞團、雜技團、京劇團、作家等等。作家的工作是寫詩、寫小說。莫言的職務是「創作員」，負責寫小說、劇本。「我們拿工資，穿軍服上班，所以還是有限制，他們還是希望我們寫些歌頌軍隊的小說。可是你實在不歌頌，他們也沒辦法。」莫言直到一九九七年才從解放軍退伍。

服役時，他也在解放軍的《檢察日報》做編劇，目前仍然在職。「所以我只是個業餘作家」，他笑。同輩的王安憶、李銳、賈平凹等知名作家，都是各省「作家協會」的專業作家，有作家協會發給他們工資、分配住房、醫療保險等福利。對於台灣那些版稅微薄、過著水深火熱生活的作家們來說，這種制度聽起來應該頗令人髮指。

一個月前我們去北京拜訪莫言。他在北京二十年，在這間平安大街胡同裡的公寓住了六年，房子約二十五坪，陳設簡單，客廳只有牆上一張世界地圖做裝飾。書房裡三面是書架，外面有個小曬台，木頭書桌上一台電腦，一本還在讀的《地藏王菩薩經》，一杯泡得發蔫的菊花枸杞茶，桌下有一個腳底按摩器。

他五年前改用電腦寫作，「因為方便，可以同時寫好幾篇小說，啪一下點這篇，啪一下又點那篇。尤其是寫短稿，寫完馬上就寄出去了。不過我發現用電腦寫以後，寫長篇的速度變慢了。一開機，老想從頭往尾讀一遍，有時候還沒讀到昨天寫的，就已經是深夜了。」過去手寫時代，莫言都是一稿到底，不打草稿，即使是五十萬字小說《豐乳肥臀》也是。

讀地藏經是為了最近想寫的一本關於輪迴的小說（按：就是後來的《生死疲勞》）。「年過三十我就不能很認真地讀書，沒耐性，也很少讀到一本讓我興趣盎然的東西。」現在讀書多半是為了找寫作資料。

莫言幼年逢文革，無書可看，他靠著一本殘缺不全的《水滸傳》，與鄰村的人換著看了許多古典名著。後來當兵，他主動要求在部隊的圖書館做管理員。「那段時間是讀書最好的一段時間。之後再看的書印象就特別淺。到現在我都沒養成聚精會神看書的習慣，看書老走神。尤其是理論文章，看一行馬上就想到別處去了。有時看書看了一天，畫紅線綠線的，可是說的什麼？不知道。」

二十歲離家當兵，在北京住了二十年，北京卻鮮少在莫言的小說裡出現。「這二十年我對北京毫無感受，熟悉的地方僅僅是家和工作崗位之間。這個地方不屬於我，不是我的家鄉。」

他的小說背景幾乎全在山東高密東北鄉。小時候常聽長輩講故事，歷史人物、神話傳奇、鬼怪故事，都像酵母一樣，後來經過他無邊的想像發酵，成果令人驚嘆。三百多年前山東出了《聊齋》作者蒲松齡，三百多年後莫言的成就絕不遜於這位老鄉。

莫言提到小時候家裡是中農，要讀書必須表現得很好，「我表現不好，只能回家種地、放牛放羊。這使我和大自然建立了親密的關係，產生許多奇怪的想法，一根草怎麼長出來，哪隻鳥要孵出來，都知道。可當我牽著牛經過學校，看人家都在念書，心裡很痛苦。開始寫作以後，才發現這一段生活對我後來寫作有多大的影響。但是如果要我重新選擇，我寧可選擇過著幸福的日子，也不要走上作家這條路。」

他從去年出版了以中國殘酷刑罰為題材的《檀香刑》之後，就沒有長篇作品出現。「我這一年來睡得不太好，過去睡眠也一直有問題。熬夜熬得深了，寫作興奮以後就難以入睡，躺下以後滿腦子像走馬燈一樣轉來轉去。這也和我今年不太敢寫作有關。」

他的夢也多，「有段時間我甚至想把自己的夢做個檔案，記錄下來。很多夢醒了以後就忘掉了。有些在夢中感到非常精彩的，醒來以後覺得一點也不精彩。通常在夢裡妙語連珠，覺得真是字字珠璣，但醒來一寫出來，就發現並不好。」莫言講話的語調很有表情，形容自己慷慨激昂時，他的聲音鏗鏘有力，形容自己的失望時，又變得嚅嚅喏喏。

說到失眠，我想問他百憂解的事，但說出口卻成了：「高行健得了諾貝爾獎，你沒得，會不會感到一點點失望？」

他說：「如果一個人一生把自己的寫作抵押在這個問題上，你得不了怎麼辦？那不是一種巨大的痛苦嗎？而且想穿了，即便得了這個獎，又會發生什麼變化呢？熱鬧一年，你還是你，無非是你的名氣更大一點。但你自己心裡還是有數，如果你從此寫不出更好的作品來，你的痛苦會更加深。像川端康成那樣，含著煤氣管自殺了。」

「我快五十歲了，我的人生，用我們老家的話說是：『土已經埋到心口了』，剩下的就是苟延殘喘，熬過晚年就是了。現在的醫療改善，一個人到了五十歲覺得心理上還比較年輕，但我的心理年齡已經很蒼老了，隨著年齡的增長，我過去小說裡所表現得慷慨激烈的東西，已經漸漸沒有了。寫得愈來愈平靜，不再像年輕時那樣帶著像大河奔流、火山爆發的那種情感。」

「回首過去，我從三十歲成名以後一部一部作品，感覺是浪得虛名。當時感到很驚訝，難道這麼一篇作品就成名了？難道這樣一部作品就是好作品？實際上我總感覺到每部作品剛開始構思時都非常激動，覺得真是輝煌壯烈，但寫到一半就突然失去信心，覺得這個故事寫完是沒有意思的，有時咬牙切齒寫完以後，心裡一點底都沒有，每部作品都想，這是不是小說啊？」

「出來以後如果贏得了一片喝采，心裡反而覺得挺難過的，就覺得我沒寫好，應該可以寫得更好。這幾部作品基本上都有這種感覺，《檀香刑》寫完以後，我感覺這肯定不好，與我構思這部作品時的差距太大。」

正是因為這個原因，莫言今年兩部長篇都各寫到十萬字左右就放下了。問他以前是否也曾如此？「沒有啊，年輕的時候寫得也快，激情澎湃，一股勁兒衝到底了，現在愈寫愈謹慎。寫得多了，對自己的要求也漸漸高了。」

他輕歎一聲，「我覺得一個作家沒有真正成熟的一天。如果有個作家愈寫愈成熟，這個作家不是真正特別敬業的作家，我個人的感受是愈寫愈艱難，愈寫心裡愈戰戰兢兢，不知道小說是怎麼一回事。真的是這樣。」他說得愈來愈輕，最後好像在呢喃。

遇到沒有創作動力的時刻，「那是很焦慮的，心裡很難過。」他說。問他會怎麼樣？「我會沒辦法，」他呵呵笑起來，胖胖的臉上露出小梨窩。「去年到今年，我回頭一看，寫了這麼多作品，幾百萬字，那些東西都放在那裡。再寫，如果還是沿著這個平面重複製作，也沒有意思。其實有好多東西，包括那兩個寫了十萬字放下的作品，如果拿出來單獨看，應該也還算是不錯的作品，但跟我過去作品一比較，就發現有點像，我就不願意讓它出來，寧願放在那裡。至於什麼時候再寫……」他苦笑起來。

「當然我有很多想法，有時候突然冒出一個念頭來，心裡非常激動，覺得找到了一種夢寐以求了很久的東西，但睡了兩天覺以後，又感覺這個東西也不是特別好……。」他又笑起來。

我聽了覺得悲慘，一時不知該說什麼才好。他說：「總之寫作不是個好事業。過去還沒體會到，現在真的感覺是，長期處在一種苦思冥想當中。我已經變成一個小說的奴隸。不是我在寫小說，是小說在寫我。」你怎麼抒解這種情緒呢？「沒有辦法抒解的，只能通過寫作抒解。」說得愈悽慘，他愈笑。

我始終沒能問他百憂解的事。

2002.11

福祿壽喜具足

王又曾

採訪完回辦公室，我發現王又曾在給我們每個人的資料袋中放了兩萬元衣蝶百貨禮券。我們即刻掛號寄回。他緊張了，以為我們將不利於他，要我去他的衣蝶百貨挑選皮包精品，我當然也拒絕了。只是我隨即發現一件事太需要他的幫忙——我的錄音機出了問題，幾乎沒錄到音，這是所有採訪者的噩夢。幸運的是，他當時因為怕我們扭曲他的話，全程錄音存證。後來他借我錄音帶，幫我解決困難，這要感謝他。

當時他的力霸東森集團橫跨二十三種行業，號稱總資產五千億，他是國民黨中常委，又與總統陳水扁關係良好，擔任國策顧問。誰也想不到，二〇〇七年，他與兒女們掏空資產案逐一爆發，他逃亡異鄉，逍遙過活，兒女們一一或入獄或緩刑。逃亡前他去拜訪立法院長王金平，意外被正在拍片的導演鈕承澤拍到。他能逃亡且不被追回，如果不是全程有人幫忙，不會如此順利。王金平參加王又曾兒子婚禮時詩王又曾「福祿壽喜具足」，如今倒像是某種荒謬的預言。

乍暖還寒的初春時節，七十五歲的力霸集團董事長王又曾為他的第五個兒子王令僑娶了媳婦。婚禮是在圓山飯店辦的，只請五十六桌，比一般人預期的大企業家辦婚禮要少。王又曾用他濃濃的湖南口音致辭：「這是為了響應政府的儉樸政策。」

王又曾希望把婚禮辦得簡單隆重，就像前面四個兒子的婚禮那樣，他如今雖然貴為國策顧問，但也不願驚動總統，「不過陳總統知道了，還是送了花籃來」，他呵呵笑著，高興全寫在臉上。

他共六個兒子兩個女兒，第一次主持大兒子王令台的婚禮，已是二十七年前的事。當他說出「大孫子二十四歲最近也要結婚了」的時候，台下揚起一陣輕輕的笑聲。今天的新郎王令僑二十八歲。大兒子王令台結婚時，也距離王又曾娶藝名「金晶」的第四任妻子王金世英不遠。簡單地說，王又曾的第一任妻子，生下二子王令台、王令一；第二任妻子也有二子王令甫、王令麟；第三任妻子生二女王令楣、王令可；第四任妻子生二子王令僑、王令興。

婚禮開始前，王金世英在現場熱絡地招呼親友。王金世英比丈夫小二十一歲，一九七四年嫁給王又曾之前，是電視明星「金晶」。三十年過去，這天穿著粉紅禮服的金晶，仍然維持著姣美的身材與面容。

要在這樣的家庭生存，連一點點變老都不應該。她操持這個擁有七十五位成員的大家族近三十年，除了自己生的兩個兒子，王又曾三位前妻的六位兒女都叫她「阿姨」，王又曾對我們說：「因為他們都有自己的母親嘛！」當年王又曾娶金晶，兒子們很不高興，覺得父親對不起他們的母親。但自己的母親又對不起上一個母親，這筆帳是算也算不清的。

年輕的新娘在婚禮進行曲中有點艱難地走進來，也許是被現場的氣氛震懾住，也許是被父親把她交給丈夫的動作感動了，也許是對於自己即將面對這個知名的大企業家族有些不知所措，她眼裡原本就噙著的淚水終於掉了下來。

此時站在台上的王又曾心裡在想什麼？七十五個家人、二十三種企業裡數不清的部屬、自己的東森電視台正現場轉播著兒子的婚禮……這場面，又豈是當初那個二十出頭孑然一身從大陸逃難到台灣打天下的年輕人所能預見的？

「我少年時代正好是八年抗戰時期，生活艱苦，念的書比較少。十三歲時，家裡撐不下去了，我就到長沙的一家百貨店做學徒，賣日用百貨、毛巾、肥皂、鞋襪這些商品。」王又曾在力霸飯店總統套房接待我們，這間套房很有名，他常在這裡邀宴政商名流，據說也常與演藝界人士在此作耍。

「抗戰勝利一年以後，我就出來自己創業，在上海工作時，遇到一位家鄉的長輩投資我做百貨批發和棉紗的生意，我十八歲就做了老闆。」

一九四九年，他擔任空軍運輸機飛行員的哥哥，開飛機載著一家人到台灣。到了台灣，他因為把錢借給一家內衣廠老闆，內衣廠倒閉，他分得四台毛巾機器和染料，便與人合資創辦染織廠。「這是我這一生事業第一個轉捩點。」

那時隨國民黨政府來台的外省商人，主要是上海幫和山東幫，他們多從事大宗物資（如麵粉、大豆買賣）與紡織業。王又曾是湖南人，卻因機緣與努力，開創了自己的空間。

王又曾給我們看一張舊照片，是國民黨政府來台後，一九五三年第一次辦的商品展覽會，他走在總統蔣介石後方，那時二十六歲的王又曾是毛巾工會理事長。「這是我第一次見到蔣總統，那時他六十五歲，很多人看到他嚇壞了，我還是跟他握個手。我給他介紹我的商品，他看看我。他看我什麼意思你知道嗎？他看我講話湖南音！他那時的機要祕書都是湖南人，他認為湖南人很忠誠。」

他還記得蔣介石的手，「好軟」，跟後來他握蔣經國的手一樣的感覺。國民黨在大陸失意來到台灣，風光發展了五十多年，王又曾也從一個小商人變成大企業家。後來國民黨政權從外省人轉到本省人李登輝手裡，王又曾辦公室的照片也從蔣經國變成李登輝，現在又加上一張民進黨陳水扁。

兩年前總統大選，王又曾積極支持的國民黨候選人連戰落敗，問他當時的心情，「非常難過。為這個失敗我想跳樓自殺，我唯一掛念的是我的兒女，我太太還年輕，我不忍心這樣做。」他此時顯得有點吞吞吐吐：「我一直以為國民黨會險勝，失敗是因為宋楚瑜拉了很多票，我不是因為陳總統當選才難過。陳總統這個人非常親民愛民，五月十五號他來看我，請我做國策顧問。」

雖然做了國策顧問，陳總統也尊重他，但王又曾在政治上最風光的日子還是李登輝主政時期，那時他是國民黨中常委，對政策的影響力頗大。也是在這段時期，他做了商總理事長前後共十六年，卸任後再交給兒子王令麟。

婚禮進行到男方介紹人前經濟部長王志剛發言，他說，王又曾在國民黨中常會發言時，「總是能吸引大家聽他發言，黨主席也會採納他的建言」，王又曾聽了害羞地抿著嘴笑。

他把頭低下來要我摸他頭上的兩個凹洞，那是去年六月他做惡夢跌下床撞傷開刀留下的疤。他受傷開刀都非常低調，怕影響集團的股票行情。媒體仍報導了，「七月十七號陳總統到醫院看我，七月二十二號開經發會，他要我安心養病，不要為這事操心，結果我二十號就出院了。」

問他做了什麼惡夢，他說：「半夜一兩點，我太太還沒睡，我夢見旁邊睡了個怪物，前面有兩個人拿長刀和叉要來殺我」，他滾下床碰傷眼角。過了半個多月，發現腦部有血塊，才開刀取出。

金晶當然不是怪物。她的美麗、擅交際為王又曾後來在商場與官場的發展助益不少。金晶也能持家，七〇年代王又曾熱烈追求當紅的金晶，一次金晶作秀結束，到秀場門口買一根八塊錢的煮玉米，還跟小販還價到六元，這令王又曾印象深刻。後來王又曾又試探金晶，說要送她房子，金晶不肯，便更確信金晶後來嫁他並非圖他錢財。

王又曾又拿出另一張照片，是他十六歲父母給他訂婚的照片。照片裡只有他和父母弟弟，卻沒有新娘，他解釋，「那時候新娘還沒來。」他後來的人生伴侶就像這張照片一樣，總有個位子在那兒，會有人來填補。

「我十六歲就跟媽媽吵著要娶太太。大太太是湖南人，比我大六歲，我二十五歲娶了上海太太，憑良心講，我那時有點騙她，表現得好像沒有太太的樣子，不過她也沒問我有沒有太太啊。民國四十五年，我認識了以前在我公司工作的台灣小姐，這一次我上海太太知道了，吵死了，我湖南太太好高興啊。」

王又曾說時好得意，好像小孩闖了禍，大家都不忍責備他，他便說笑話一樣地講出來。另一方面他又是一家之主、全家的經濟來源，不論做什麼也沒人敢如何。三個太太各生了兩個小孩後都在他的要求下結紮了。

「我真的發自內心對不起這三個太太。上海太太說我還怎麼嫁人？給人做大太太又不能生，做小太太幹嘛跟你離婚？台灣太太很年輕，她也天天跟我吵。」為什麼吵？「我愛玩嘛！生了兩個女兒，她後來不肯跟我在一起，就分了。」

他快樂地說完之後又希望我們不要寫，「怕孫子看見，他們都不太瞭解祖父過去的事情」，他說。比起許多政商界人士，王又曾說話算是坦白的了，坦白通常是因為無所畏懼，他這般年紀如此地位，只怕權力比他大的人如總統，還有不瞭解他過往但他在意面子的人如孫子們。

站在主婚人的位置上久了，金晶很知道要做什麼，她跟人比手勢要杯水。水來了，她服侍丈夫喝下。證婚人立法院長王金平正滔滔地說著王又曾「福祿壽喜俱足」的話。

「後來遇到金晶，她比我小二十一歲，人家說她有幫夫運，她有名，刺激我在事業上衝刺。她也很會伺候我，你看我看起來這麼年輕，因為我吃燕窩。剛結婚的十年，每天一碗燕窩，燕窩要揀毛很麻煩。十年以後她一天給我吃兩碗。燕窩一斤七、八萬塊，我一個月要吃兩斤，呵呵呵。」

金晶是他的得意之作，做生意的手段也是。王又曾回憶，早年開毛巾廠時，他擔任毛巾公會理事長，但當時棉紗是配給制，毛巾公會又在紡織公會底下，配給的棉紗較少，他去找美援會（經建會前身，美援物資的分配機構）主任委員，說明做毛巾要起毛，分配的棉紗應該比織布要多，現在織布分配的棉紗卻比毛巾多。美援會開會討論覺得有理，便增加毛巾業者五成的配給數量。

「這變成紡織業的震撼，也是我一生的轉捩點。毛巾廠一個月多賺好幾萬塊！大家都說我厲害，你知怎麼回事？織毛巾的梭子走來走去，但走得慢，這樣才會起毛。織布機走得很快，用的棉紗比毛巾多得多。哈哈哈，這我想得出來！」

王又曾成名了，大家都和他交朋友，說他敢跟政府幹，「那時有上海幫、山東幫、廣東幫、福建幫，我沒有幫，我一定要廣結善緣。」

除了創業的毛巾廠，他又開養豬廠、倉儲、麵粉、油脂、石化等行業。這十多年來，他又隨著社會變化，投入金融、資訊、媒體等。他喜歡做頭頭，「我小時候就很強悍，念小學的時候想當級長，如果小朋友不投我的票，我就很不客氣。我哥哥從小就讓我，我弟弟妹妹如果不照我的規矩，或不跟我一起玩，我就打他們，我什麼事都要站在別人前面。」

王又曾對日期、數字的記憶極佳，講起任何大小事件，都清楚記得發生的日期。他的部屬說，他能背出兩百多組電話號碼。也許是從小做生意的緣故，至今他對於小至一包衛生紙的價格都十分清楚。他又自豪自己的心算能力，「我算數跟電腦一樣快。借多少錢，年利率多少，一個月付多少利息，我馬上算出來。我們經理帶著計算機跟我談，算得比我慢。」

他每做一個行業就一定要做到那個行業的公會理事長。這樣大大小小的理事長頭銜也不知有多少，包括「舞廳公會理事長」。

不過，當我問到他早年在延平北路開的仙樂斯大舞廳，他便顯得很不情願。他說那是他投資朋友開的，負責人是他的弟弟王篤學，王篤學後來做過《中國時報》社長。他開舞廳時為許多政商名流介紹玩樂，因此在政商界的發展也更為順暢。

與金晶結婚之後，他決定全心衝刺事業，便不太常去跳舞了。他十分注重養生，每週風雨無阻地打高爾夫球，每天散步。不過，這兩年政權輪替，經濟發展遲緩，「我心情不好，就不散步了，老了嘛，管他要死就死，散什麼步？」

在別人看來，王又曾事業有成、子孫成材，就如王金平所說的「福祿壽喜俱足」了，問他還有什麼缺憾，他說：「我工作六十二年太長了，為什麼我要搞得這麼苦？這麼操心？我想事情又周到，做什麼事情都很周延。唉……」他長嘆一口氣，「我做了二十三個行業，好比二十三個沒有成年的兒女，都要操心，我就像個醫生看門診，什麼科都看。我想退休，我兒子老婆就說，人家辜振甫先生年紀比你大都沒退休，你怎麼能退休？我怎麼能退休呢？」他呵呵笑著。

婚禮結束，這個家族的故事才正熱鬧。

2002.4

愈打愈大尾

顏清標

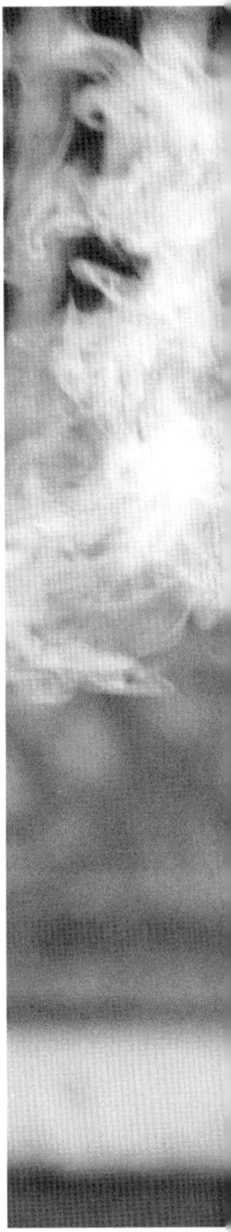

二〇〇二年採訪顏清標時，他因為喝花酒報公帳一案被關進看守所，又在看守所裡選上立委。從看守所出來，他心情大好，接受採訪，又讓我們跟著他向鄉親謝票。

那位十七歲便讓他當了阿公的長子顏寬恒，當年二十五歲，我問他，父親對於他少年時常常闖禍是什麼態度，顏寬恒說：「我在外面跟人發生衝突，常常我還沒到家他就知道了。如果他認為我有錯，他會講。說起來，大部分都不是我的錯。」說完顏寬恒有點不好意思地笑了。「他討厭人多欺負人少，所以如果是我一個人打兩個人，他就不會怪我。」是這次採訪，讓我見識到什麼是「地方生態」。顏清標後來做了四屆立法委員，二〇一三年長子顏寬恒繼承父業選上立委，女兒顏莉敏接著當選台中市議員。這個政治家族於焉成形。二〇一六年顏寬恒獲得連任。

自從三十四歲做了台灣最年輕的阿公以後，顏清標難得有這麼高興的時刻。不但選上立委，還是在看守所裡選上的，又讓他創下一項紀錄，這種快樂比考上狀元還要爽。

中午我們在他沙鹿的服務處吃飯，在座的還有附近的鄉親。一位年長男性戰戰兢兢為顏清標夾了塊帶肥的滷肉，還沒放進他碗裡，顏清標便說：「會大箍（吃了會肥）。」那人仍唸唸叨叨放進他碗裡，顏清標便親切地用三字經問候了對方的母親。席間，他的機要秘書笑說：「這次好厲害，不用買票就可以選上！」顏清標立刻沉下臉：「《壹週刊》的殺手在這裡，你還這樣說！」

難道以前有買票？顏清標解釋，「很多人都有買票，但那跟我沒關係。如果可以買票，我就不用那麼勤跑基層做服務了。」由於這次他是在看守所裡參選，拜票都由家人和樁腳代勞。據說檢調單位跟監跟得很緊，就算想買票也難。

雖然沒有證據顯示顏清標這次選舉與傳聞中許多候選人一樣，是用買樁腳的方式賄選，但瞭解地方生態的人說，顏清標直接間接投資許多事業，砂石、瀝青公司、建設公司、六合彩組頭、消防器材等等，如果他落選，這些事業的從業人員工作都會有問題，所以大家無不戮力替他拉票。開票結果出來，他得了三萬四千多票。

顏清標出身的沙鹿埔子里，百分之九十五的票是投給顏清標的。此地與大甲、梧棲等中南部沿海城鎮都因靠海，一般稱為「海線」，居民早年主要以討海為生，也有務農者，只是土地貧瘠，主要農作為花生、蕃薯，生活不易，民風剽悍，但十分團結，感情又好。顏清標最近出來謝票時，一開口都是：「叔、嬸……」，鄉里都是看著他長大的。

顏清標的發跡頗傳奇。多年前他還是海線某黑道老大手下的一名小弟，當時轟動一時的槍擊要犯林博文，因擊斃追捕他的台中市刑警隊長洪旭而展開逃亡，逃亡途中向顏清標的老大索取跑路費，結果顏清標大膽出來與林博文「嗆聲」，從此「冬瓜標」在道上聲名大噪。九〇年他當選埔子里里長，後來又在中部紅、黑兩派的勢力角逐中，被拱出當選縣議員，從此步入政壇。

「我是不是黑道，這次已經證明給全國人民看。我承認我過去有爭議性，但是我從年輕到現在都不會去欺負人家，有時候只是因為朋友太過熱心的關係。如果我會危害到社會的話，這次有那麼多打壓，我也不會當選。」

「如果顏清標不是黑道，我願意去跳樓！」我隨機抽樣問到的沙鹿鎮一家機車行老闆對我說，「哪裡都有黑道勢力，但要看這個黑道領袖有沒有做地方上的事。有做，地方上就不會太介意。不過聽說冬瓜標一次可以動用的兄弟不少於一萬人。」

一位民進黨高層曾經形容顏清標：「是個非常聰明、肯學習、肯上進的黑道。」向我引述這話的政壇人士強調：「但還是黑道，不是黑道漂白哦！」因為顏清標仍是黑道作風，他一直相信威脅、利誘、恫嚇是有用的。

有一次縣議會審預算，民進黨籍的縣議員劉坤鱧反對，會後顏清標叫他到議長室，三十多位國民黨議員圍著他，每個人都用「幹」做發語詞罵他。顏清標恨恨地用手大力一拍桌子：「你知道屏東縣議會是怎麼處理事情的？你不知死活嗎？」劉坤鱧說明事情原委，顏竟也聽進去了，說：「此事到這裡就算了。」便帶人走了。劉坤鱧對我們說：「他很冷靜、有自制力、分辨力、不會老羞成怒，是個非常不簡單的人物。」

一九八五年顏清標二十六歲因「一清專案」被捕入獄。這次除了議長任內被控喝花酒報公帳的貪污罪外，又有教唆頂替、持有槍械等罪名。不過顏清標都認為自己是冤枉的，「將來有信心可以平反」。

這次他在看守所裡讀了不少書，「就是看《雍正王朝》、《胡雪巖》、《權力遊戲》、《柏楊版資治通鑑》啦。《雍正王朝》就看了好幾遍，因為在裡面很無聊嘛。

《資治通鑑》十幾年前看過，這次再看，因為很深，看一兩次還是沒辦法深入，這種書看一次太浪費了。你問我感想哦，我想以後一定多少會用得到，有讀比沒讀好。在裡面人家問我有沒有讀《六法全書》，我說我看都不要看，看那個有什麼用？」

說他上進也是有原因的。他原本國中只念了一學期。後來當了埔子里里長，有心朝政壇發展，便去完成國中學業，又選上縣議員。之後選省議員需要高中學歷，他又獲得高中學歷。不過，「後來省議員又改成不需要高中學歷，但我不會覺得白念，因為讀的話對我也有幫助，人家說不讀白不讀，讀了多認識幾個字也好。」那時真的有時間去讀書嗎？他有點不好意思：「有啦，一個禮拜兩個晚上。」

在看守所羈押了十個月，除了讀書，還有川流不息來看他的人，據說許多縣市議長都來了。顏清標此次被羈押，對這些常喝花酒報公帳的議長們頗具指標意義。

「三年來我花了五百多萬（按：法官的資料是他個人七百二十九萬元，與他相關的其他人一共以公款核銷三千五百四十萬元。），這不是很多ㄋㄟ！當然我不是說這是對的，但我們完全被會計人員誤導，以為可以這樣核銷，因為過去都是這樣的。以後做立委，我想暫時不會再去酒家了，因為自己會感覺很見笑啦。但是如果選民或是樁腳有需要，我不去他就不支持我，那還是要去一下。」

地方上的民意代表好喜歡匾額，顏清標服務處牆上掛滿了鄉親同僚送的匾額。牆上唯一的一張照片，是九五年五月與連戰、宋楚瑜的合照。

顏清標在省議員期間與擔任省長的宋楚瑜關係良好，總統大選時因公開支持宋而遭國民黨開除黨籍。這次他在羈押期間參選立委，寫了封公開信給宋，希望宋念在過去情分支持他。宋楚瑜卻不願表態。後來他選上立委，去年十二月底又獲交保，交保前三個小時，宋才到看守所探望他。

問他對宋楚瑜失望嗎？顏清標神情立刻變得黯然，「失望也沒辦法，他有他的立場。他去看守所看我的時候說，有好幾次要來看我，都被幕僚阻止，親民黨候選人也不希望他為我站台。我競選總部成立的時候他沒來，我當然是有點……」他情緒有起伏時，便改用台語：「感覺有點……，失望啦。我寫的公開信，改了又改、改了又改。後來我跟我兒子老婆說，人家要支持就支持，不支持也不要去討人家人情，討來的人情就不是人情了。」

不知是否「出身高貴」的宋楚瑜激起了出身底層的他一點點自卑的情緒，平常行事冷狠的顏清標，此時卻顯得脆弱。問他以後還會支持宋嗎？顏清標說：「看情形啦，他也沒有要我加入親民黨，我也要考慮我自己有爭議性、形象不是很好，這樣人家一定要我嗎？」

顏清標說自己有很多政績，也熱心為地方服務，「但是好事都沒人報導。」九二一地震他租了三部直升機，跑了十五天，包了一萬多顆粽子賑災，「花了幾千萬，沒有一毛錢用到議會和鎮瀾宮的資源。」他呼呼喝喝打了個大呵欠，又搔搔大腿，「還有，沙鹿一百四十四條道路，有一百零二條是我爭取經費蓋的。」

問他除了政治事業外，還做什麼生意。他指指外面的馬路說：「我做柏油、瀝青、砂石公司，還有蓋一些房子。現在不景氣，就沒再蓋了。」

他和他的家人開了多家瀝青、砂石、預拌混凝土、鐵窗鐵捲門、營造廠、建設公司。難道他爭取開的道路與地方基礎建設，都是他的公司蓋的？

根據我們調查，標到這些工程的公司，並不直接與他的公司相干。但根據一位熟悉地方生態的人指出，「大家都以為顏清標家族綁標、圍標工程，其實不是。當別人標到工程以後，地方上常會有非顏清標系統的兄弟去找麻煩、賣兄弟茶，這些標到工程的人，就會主動去買顏清標的原料，這樣別人再來鬧事，他們便可搬出顏清標的名號來保護自己。雖然顏清標的原料比別人貴，但還是值得。所以檢調單位查來查去，只能查他喝花酒報公帳。」

二月一日就要宣誓做立委了，顏清標眼前的一個苦惱是，別的立委都常上 call-in 節目，但他覺得這並非他強項。採訪中，他主動提到兩次：「我們是一定要靠基層的，因為我們講話沒有辦法跟一些人相提並論，人家口才好，書又念得多，一到 call-in 節目，就對答如流，我口才不好一定要勤走基層。」他顯然已經想像過他立委生涯的圖像。只是，將來他在立法院會不會再像過去那般轟轟烈烈，則是此時誰也無法想像的。

2002.1

一塵不染

馬英九

馬英九背誦數字時，讓人想起一部老電影裡的一幕：一個以記誦數字創下世界紀錄的人，表演時雙手背在身後的認真模樣。愈認真，就愈有喜劇效果。沒人知道馬英九是用什麼方法記住這些少有人能記住的數字，以及公開背誦這些數字的真正意義。從市長時期到總統八年，原本可能是為了以統計數據證明執政成績，後來演變為個人嗜好，最後則轉為某種病症了。

我們幾乎忘了，馬英九也有如同撲克牌裡紅心A的時刻，他曾經那樣乾淨潔白英氣逼人，是國民黨裡的一株空谷幽蘭，是人民高票選出來的總統。多年以後再讀這篇他台北市長任內時我們的採訪，竟然發現他的性格特質其實一直沒變，遇事閃避，一塵不染。

那麼是什麼改變了？

在我們的另一次專訪裡，他承認自己沒時間讀書，近期只讀過《美國總統的七門課》，那時他正打算一搏總統大位。八年來，雖然他客觀的政績遠不如他主觀的期望，民調也創下最低紀錄九．二%，但卸任前，他仍圓了自己的夢想，與中國領導人習近平見面，為自己的總統生涯勉強畫下一個不甚光彩的句點。

馬英九總也不老。五十二歲了，聖誕夜到西門町報佳音，同樣戴著聖誕帽，別人看起來像濟公，他卻像是聖誕老公公永遠待價而沽的英俊兒子，所到之處，比聖誕老公公還能帶來歡笑與尖叫。

不戴帽子時，他的頭髮永遠油亮整齊，一根不白，一根不少。笑容也是，總是那麼燦爛，就在幾天前，他到建中為台北市優良中學生頒獎，四百多個學生領獎，他一一握手合照，將近兩個鐘頭的時間裡，他的笑容不曾減少一分。

報完佳音第二天的聖誕節，是馬英九擔任台北市長滿三週年的日子，他率領市府各局處首長辦了一場就職三週年記者會。

如果可以選擇，他或許寧可不要此時滿三週年。因為人們對於夏天納莉風災重創台北的記憶還沒有完全消失。即使他對這個問題已經一再演練，但是當現場的記者問到他納莉風災是否會影響他連任時，仍有一朵淡淡的烏雲快速飄過他俊美的臉龐。

他的回答跟接受我們專訪時說的一樣，他立刻舉了垃圾處理的例子，「剛開始三天我們確實沒有處理好，因為環保局完全低估了垃圾量，高估了自己的處理能力。後來開始動員以後，就處理得很快，尤其是把垃圾放在棒球場，這策略很正確。事後的民調發現，整個風災裡，垃圾處理是評價最高的。」輕巧避開了垃圾處理以外更嚴重的問題，如抽水站與捷運系統的管理等等。

後來有許多人批評台北市民因為他長得帥，就輕易原諒了他。馬英九對我們解釋是：「剛開始沒處理好，市民會罵得很厲害，但一旦處理好，他就忘了……市民也許對我們很寬厚，但我不會因為這樣而放鬆了警惕。」

也許是在政治圈中久了，又是動見觀瞻的人物，馬英九講話十分謹慎，又由於太過謹慎，因此話語中少見愛惡，少見愛惡便也少了點人性、沒有感染力。即便是流淚，流的也是國家民族的眼淚。

他過去曾說過，在美國讀書時逢中美斷交，頗有一種「孤臣孽子」的心情。問他後來在國民黨內幾經波折但仍留下，是否也基於這種心情。他說：「現在有那麼多人支持我，不會再有那種心情了。那時因為中美斷交，台灣幫不上忙，靠的主要是我們的美國朋友。冰天雪地的時候，我一大早起來開著一輛老爺破車到電視台為我們國家利益辯護。」他頓了一下，此時他眼眶紅了，淚水湧現，「那種感覺真的是非常非常……」他哽咽了幾秒才又繼續：「不過，那個階段也過去了，而且我們的努力也發生一些作用。」

中國傳統知識分子的使命感，讓馬英九總懷有強烈的家國情懷，包括參與他生命中很重要的出發點──保釣運動，那是他接觸政治的起始。

三年多前馬英九參選台北市長時，被對手大力抨擊過去在美國參與保釣運動曾擔任「職業學生」，馬英九那時多半低調回應。

保釣運動後期分裂成左右兩派，右派組成「反共愛國聯盟」，出版刊物《波士頓通訊》，馬英九是聯盟成員，也主編過《波士頓通訊》。

一位當年立場「中間偏左」的保釣核心人物說：「當時國民黨在美國各校園都設有分部，中美斷交前，各領事館都有政治參贊，在台灣學生團體裡控制、監聽。他們必須要有眼線才能控制，於是就由所謂職業學生負責做眼線。」

「你說有人抨擊馬英九做過職業學生，我只能說，馬英九打小報告絕對是有。因為他們開小組會議，一定要向上面彙報另一派學生的狀況，這就是打小報告。這類活動的確造成了這些被打報告的學生在國民黨心中是反政府的印象，因此他們在台灣的家屬便會受到影響。」這位人士說，他的父親是幾十年的老國民黨員，仍幾次被叫到中央黨部問話。

如果還原到當時的歷史時空，兩派學生其實都是基於民族主義的愛國情感從事活動。這位人士說，但右派學生有些文章的邏輯很奇怪，譬如批評左派學生：「你們在台灣長大，為何要背叛你們的父母？政府就是你們的父母……」他們的邏輯與中華民國所代表的政府是結合在一起的。左派學生主張的愛國則是，國民黨不能代表中國。

如果以客觀的角度看保釣運動，馬英九在其中的角色並不光彩，但以國民黨的角度而言，馬英九則是英雄人物。馬英九後來果然因為在美國的愛國行為受到國民黨注意，因而在一九八一年拿到博士學位不久，便被延攬到總統府擔任第一局副局長，翌年兼任蔣經國秘書。但國民黨培植他，它的保守力量卻也在後來他擔任法務部長時拉他下馬。

提到他在國民黨內的波折起伏，馬英九說自己並不曾懷疑過自己，「我知道那時國民黨內希望我下台的人是錯的，現在有很多人在這次立委選舉中也沒有再當選。當時我感到很沉痛，但不是為我個人，而是擔心國民黨。現在再回頭看，四年前如果黨內支持我的改革，現在也許不會被人家貼上『黑金』的標籤，也許就不會有這樣的下場。」

馬英九曾說：「我化成灰也是國民黨員。」現在說他是國民黨內振衰起敝的關鍵人物，他說：「我倒不覺得國民黨只剩下我一個人，沒這麼嚴重。只是，在我們還有些人才的時候，要如何把這些不願意離開的人團結起來。」

他的父親馬鶴凌曾幾次在他人生的轉折上起過重要作用，包括最初進入總統府，以及最近參選台北市長。

也許是因為馬英九長相俊美，大家總愛對他微笑，他也必須微笑回應。他笑久了，人們便以為他天生就長得如此，因此他不笑時，特別顯得嚴肅而陰鬱。提到父親的影響，馬英九便嚴肅起來。

「念完書回國服務是我原先就計畫的，從政也是。我從高三準備第一志願考法律系，就是要推動國家的民主與法治。念法律也是我說服我父親的，他當初並不贊成。有些書可能是為了使內容比較戲劇化，大幅度擴張了別人對我的影響，好像我是一個沒有主見的人。」講到這裡，他顯得有些不悅。

如果還有機會回到當初決定從政的那個點上重新抉擇，馬英九還會選擇從政嗎？究竟什麼才是他真正想過的生活？

「其實我也有過幾次重新選擇的機會，四年前我辭掉政務委員回學校教書，當時的計畫就是透過教書訓練人才。我當時預計我們會加入WTO，需要很多國際上的法律人才，我就開這方面的課，讓學生熟悉國際法律事務。我甚至訂了一個十年計畫，每年培植一定的人，十年可能培植上百個人。」

只可惜不到一年，馬英九就因為眾人的期許而含淚放棄這個大計畫，投入台北市長選舉。當時還引起他任教的政大學生強烈反彈。

他有時顯得像是台灣中最後一個全心為民主與法治盡力的人，但其實又不是那麼的全無算計。例如做政務委員辭官，卻種下日後參選台北市長的種子。人生有得有失，他似乎總是得的多，失的少。

接下來是三年後的總統選舉，雖然他絕口不談，但所有人都相信他不會缺席。一次市政報告裡議員追問他，如果黨徵召他會否參選，他被問得無處可逃，只好說：「不如陳議員幫我問問黨有沒有這意思好了。」備詢時，他常露出「受了委屈」的可憐神情，好像癟一癟嘴就要哭出來了。

馬英九可說是政治人物中較具幽默感的。但他的幽默只有兩種人不欣賞，一種是角色上與他職位衝突的市議員們，一種是愛護他的小市民。

他偶爾想在氣氛枯燥的議會裡創造點小樂趣，例如一次市政報告，他說台北市游泳池該有遮陽棚，「免得游半天，還要美白半天。」結果議員們不是發著呆，就是打著呵欠。

另一次在市立圖書館的演講上，馬英九說自己小時候家中五斗櫃著火，他英勇地要救火，「但我還沒發揮我英勇的救火能力，火就熄了。我等了一會兒，沒有記者來，就只好走了。」可能是因為他形象太完美，沒人敢相信他會這樣說自己，全場滿滿的聽眾沒有人笑。他等了一會兒沒人有反應，只好尷尬地說：「這是開玩笑的。」

平常一天要跑十幾個行程、幾乎沒有私人生活的馬英九，只能在比較具休閒性質的工作中找到一點樂趣，譬如慢跑、游泳。馬英九過去十分重視形象，但做了市長後在形象包裝上便活潑許多，並不忌諱在鏡頭前露出身體，而且這樣的機會還不少。慢跑永遠是背心和超短運動褲，游泳池畔則總是泳褲和胸部。這兩項運動往往引來大批女性的尖叫。

「人不可能在從政之後全身而退，多少會受點傷、被丟了泥巴。許多事情就要無欲則剛，生活不能太複雜，不能有太多慾望。我不碰財色，我做市長，我的家人親戚不碰市政，而且我講明了不要來碰，所以很多事就不會發生。你有了這個風格以後，如果有人懷疑你有什麼事情，大家也會朝好的方向想。」果然馬英九向來在清廉與緋聞方面都是一張乾淨的白紙。

一天馬英九在南港高中游完一千公尺上岸，照例被一群歐巴桑興奮攔下來要求合照，穿著泳褲露著胸的馬英九勉為其難配合照完，歐巴桑歡喜地走了。換好衣服馬英九要離開，看到半途才加入的好友金溥聰。金溥聰幾個月前才辭去新聞處長職務回政大教書。馬英九十分驚喜，伸手在金溥聰臂上捏了一把，看看游泳的成果。

他這時的笑容，比起之前與歐巴桑合影的笑容，顯得自然放鬆許多。以他整日緊繃的情況看來，這樣能夠稍微放鬆的時刻，真的不多。

2002.1

訃聞

嘲笑他的，已開始懷念

陳定南

那些嘲笑他拘泥小節、不懂人情世故、認為政治就是妥協的人，現在都變得柔軟起來，他才剛走，身體尚未變冷，就已經開始懷念他了。

主要還是因為有另一個對照。以下資料聽起來也許你會熟悉：窮苦出身、台大法律系畢業、受美麗島事件和林宅血案影響決定從政……。是的，這是陳水扁的背景，也是陳定南的。那麼，他們究竟是從哪個點上開始走了不同的路？

我們過去已聽過陳定南的許多龜毛小故事，譬如他要求簡報內頁紙一定要用八十磅的紙，因為一百磅紙容易割傷手指（若錯用他一摸便知）；裝訂資料所有釘書針的距離要一樣（他會用尺量）；辦公室百葉窗葉片方向須一致；司法大廈外牆上「法務部」三字，用色與字體他試驗了二十多次；法務部要採購保溫熱水瓶，為瞭解保溫效果是否確實，他親自測量十二、二十四、三十六、四十八小時後的保溫效果……。

他不近人情的小故事也很多：剛做縣長那年，教育局依例在兒童節採購小禮物送給兒童，陳定南的一位好友也是助選大功臣是做冰淇淋的，他問陳定南可否採購他的冰淇淋做禮物，陳定南便通知教育局長，即使公開招標也不可選冰淇淋；他做立委時父親過世，登報謝絕弔唁，宜蘭縣長託人來問，陳定南怕縣長以為他只是客氣推辭，就跟傳話者說：「縣長如果要來，我會當場給他難看。」選舉募款，選後如有結餘，他都按比例退還捐款者。至於他嚴禁關說、拒絕收禮，則只是最平常的事。

從政者為了塑造形象或傳奇，常會刻意製造一些感人小故事流傳在外。但陳定南除了有清廉名聲，他的故事聽來多半可笑，也不十分光彩，後來更有人批評他只著眼小處，不見大處。其實許多事我們幾乎忘了，譬如他如何在二任縣長任內把污染的的鄉下宜蘭，建設成一個美麗自信的環保大縣，又譬如他在法務部長任內大刀闊斧整頓，換掉多位有爭議的檢察長，成立查緝黑金中心。

在他的一個久未更新的網站上，有幾封他十年前寫給兒子的平常的信，卻意外透露了他內心世界的一角。

幾封信的初版寫於一九九六年（之後還有二〇〇三年修訂版），當時他的長子陳仁杰十四歲，剛去加拿大讀書。做立委的陳定南花了很多心思教兒子如何學好中、英文，如何做筆記，如何欣賞詩，如何用英文打電話。裡面有許多他覺得很自然，但他人可能覺得好笑的內容，譬如：

「至於查字典抄音標與字義時，記得一定要使用我以前幫你們買的四色（紅、綠、藍、黑）原子筆。如果課文是黑色，音標就用紅色原子筆，字義則用綠色原子筆。因為……（按：下刪一七八字），此事看似小節，但卻關係重大，千萬不可等閒視之。」

講到讀書時畫重點，要用螢光筆，他非常仔細地比較各種螢光筆的特性（畫長線時要用黃色、畫短線時用綠色、不要用那種影印時會留下顏色的螢光筆）；「背誦時，要先看書本，朗讀小段幾遍，然後閉上眼睛，背誦幾遍，確定記得，才算背好……。」他的偏執與嘮叨簡直到了匪夷所思、令人失笑的地步。

他也很可能有點戀物癖。除了信中仔細比較英文辭典版本、各色螢光筆的功用、筆記本尺寸，在對法務部員工的「教養兒女經驗交流座談會」中，說到為孩子成長做記錄，他也不厭其煩地比較相機種類、底片、如何保存相片不使受潮等等。

他又告訴兒子，練習英語發音，除了多看英語頻道，「還可找一張英文報紙，依照CNN主播的速度，把自己當作主播，唸完後加上：Jack Chen，CNN，White House，這樣韻味就出來了。」Jack是他兒子陳仁杰。

他又興沖沖寫著他如何照著一本英文老歌書上的版權頁電話號碼，試著打給英語老師賴世雄，結果真的接通、進而拜訪他，得到許多使英文進步的心得……。

另一封信上寫他帶二個兒子參觀大英博物館時，發現館內有二處展品變了位置，回台後他立刻寫信給出版DK中文版倫敦旅遊書的遠流出版公司，請他們改正，順便訂正其他錯誤。他的意思是，這種事情雖小但不能拖，趕快更正，可使其他讀者受益。

於是我們可以猜測，其實這些是他工作以外，最大的、也可能是唯一的、私密的樂趣。當別的政治人物晚上去應酬、去「喬」事情時，不應酬的陳定南，可能都是坐在書房裡，一筆一筆在書上如做實驗一般地畫著各色線條、比較英語字典版本、聽唱英文老歌、看CNN（並假裝自己是主播唸稿）……。

另一篇法務部的會議記錄中寫著，他帶員工去參觀某「千載難逢」的藝術展覽之前，要求大家先做功課，並且實在有些可笑的，他建議員工，「參觀之前，要先擬出粗看、細觀清單。寫出疑惑、找出毛病……，養成習慣必將終身受用無窮。」

雖然不合時宜到了可笑（也許也令人感動）的地步，但我們可以想像，他一點也不認為這樣不合理，因為他自己就是這樣做的。

他把這些信公布在網站上，其實不一定是為了製造傳奇，而是這些心得真的是他畢生心血結晶，他認為不該只有他的兒子和部屬「受惠」，應該分享給更多人。

這樣的一個「怪人」，物質慾望很低，興趣似乎也不在於賺錢、增加人脈，陳水扁其實瞭解他個性，因此嫁女兒、娶媳婦連喜帖都不發給他（有多少人因為拿到喜帖而感到無上的榮耀）。而後來因多項貪污相關案件被判刑的陳哲男在得意時，也說過：「陳定南最難搞。」

現在看來，這都是最好的讚美。陳定南在生前最後的媒體採訪裡說：「我唯一的遺憾，是沒能用更圓融的方式處理人際關係。」但其實我們知道，他不遺憾。

也許我們可以說，那個命運的轉折點是在二〇〇〇年。那年陳水扁風光當選總統，延攬陳定南任法務部長。陳定南整頓法務部、成立查黑中心，每年的部長民調，他都第一。陳定南維持自己不變，但別人變得很快。二〇〇六年十一月三日，查黑中心的檢察官陳瑞仁以貪污罪起訴了陳水扁的妻子吳淑珍，十一月五日，陳定南與病魔搏鬥失敗辭世，享年六十三歲。小他七歲的陳水扁，則還在搏鬥中。

2006.11

訃聞

鄉關何處

蔣方良

距離最後一個兒子去世已經八年，蔣方良終於也走了。當時間和空間徹底遺棄了她，她也決定遺棄這個世界，反正終究這世界很快也會忘了她，反正她也從來沒要這個世界記得她什麼。

其實最後的幾年，她並不如人們想像中的那麼孤單，她在真實和幻想的交錯之中，又與她所愛的人重逢。有時她會告訴醫護人員：「先生等一下要帶我去吃飯，我要去梳頭準備。」或是「孝武、孝勇要來看我，他們來了沒有？」她的生活想必也是熱鬧忙碌而充滿期待的。

她的不快樂，則從很早以前就開始了。照顧蔣介石、蔣經國父子四十多年的侍衛副官翁元說，那時蔣經國還在，「她就像是有躁鬱症的樣子，病情重時，會老嚷著口渴。她平時不喝水，只喝雀巢檸檬茶，都要五百西西一大杯一大杯地喝。有時候不停地要東西喝，照顧她的阿寶姐就知道怎麼回事，就會叫醫生來。」

「阿寶姐說，她發病時，會樓上樓下地跑，把衣服首飾拿出來散得到處都是。有時又眼神呆滯坐在沙發上一整天，不言不語。她的主治醫生原本是榮總精神科主任，做醫生的本來該找出病源，但醫生對她卻不敢追根究柢。後來換了個醫生，這位醫生不明狀況，問得多了，蔣方良就說：『我又不是神經病。』就不要這醫生了。」

翁元說：「她內心壓抑很大，其實不全是蔣經國限制她，而是她把整個生活重心全放在蔣經國身上，到了完全依附的地步。譬如她看到蔣經國的臥室裡有一台電視，她也要一台一模一樣的，冷氣機也是。蔣經國有糖尿病，不能吃鹹吃甜，有時在飯桌上另要別的東西吃，她就說我也要。他們就好像慢慢形成一種共同體了。」

「蔣經國過世前，她有兩、三次病危，都已經快不行了。醫生建議她住院，她不肯，因為不肯離開蔣經國。大家苦勸她都不聽，後來是蔣經國說，我陪妳去住院，就住妳隔壁房間，蔣方良才勉強答應。」

年輕時的蔣方良非常活潑開朗，蘇聯時期，她還是共青團團員。但到了後來，她逐漸放棄自我，當愈來愈依附丈夫、子女之後，卻不自覺地深深憂鬱了起來。這種把自己逼到毫無迴身地步的困境，我們其實非常熟悉，在許多女性身上都看得到相似的影子。如果她像她的婆婆蔣宋美齡那樣強悍而堅持保有自我，她的後半生也不至於如此悲涼。

不斷的遷徙所造成的失語狀態，以及丈夫一次次的背叛，恐怕都是她憂鬱的原因。她隨著蔣經國一路從蘇聯到了中國，她學習新的語言，蔣經國在贛南認識章亞若，請章亞若到他家教兒子英文、教蔣方良中文。蔣經國後來與章亞若生下雙胞胎章孝嚴、章孝慈。

好不容易學會寧波話、被公婆接納，又因為蔣介石節節敗退，而來到台灣。那時官太太們會說寧波話的還很多，她也有人說話，但後來忙的忙、凋零的凋零，能與她聊天的人已愈來愈少。

初到台灣，她也有過一段快樂時光。那時的黑白照片裡，常看到她開懷而笑。丈夫吻她、兒女在草地上打滾、在不同的節日裡一次次地切著蛋糕。有時她也會逛逛街、打高爾夫球（她打得很好）、與丈夫一起飲酒作樂。只是隨著丈夫的官位愈高，她的自由也愈少，蔣經國並未嚴厲限制她，只跟她說：「不要太招搖。」但這句話便足以讓她逐漸禁絕一切興趣，並放棄她僅存的一點自我。

蔣經國學英文，她也一起學。蔣經國對京戲有興趣，她也有興趣，結果是，蔣經國熱烈追求京劇名角顧正秋。顧正秋最後嫁給了省財政廳長任顯群，任顯群則被冠以通匪罪名判刑七年。

往後蔣經國仍時常有各種追求女人的傳聞。即使她閱讀中文有困難，但做為妻子，她不至於遲鈍到毫無所感。但她必須原諒丈夫，因為她毫無選擇。離婚嗎？要去哪裡？自殺嗎？她甚至連這樣的自由都沒有。

九〇年代初，那時蔣經國、蔣孝文、蔣孝武都過世了，從事外交工作的章孝嚴，輾轉為她帶來蘇聯時期的好友安妮基亞娃的信，信中問她：「妳現在的生活怎樣？幾個孩子、幾個孫子、幾個曾孫？孩子們都做什麼工作？有沒有人與妳同住？有沒有退休金？或者是孩子幫助妳的生活？」又說她的丈夫也在一九八八年去世，她有三個兒子，曾孫已上小學二年級，「我過著幸福的生活，對命運沒有什麼可以抱怨的。」如此完全不知內情的關懷，恐怕還是深深刺痛了蔣方良。

到了最後，聽懂她的話的人愈來愈少——況且，她已不大說話。她在她住了三十多年的大直七海官邸，幾乎足不出戶。七海官邸本就有軍事要塞的功能，隱蔽在樹林深處，絕對安全，也絕對孤單。她從不接受採訪，也幾乎不見客，在僅有的一次由媳婦蔣方智怡拿著攝影機拍的影片中，我們看到樸素的官邸裡，起居間擺滿了照片，可以想像，她撫著逝者的照片時，有如撫著一方方小小的墓碑。

與她處境類似的媳婦們，也各有各的苦惱。除了靠著蔣家最後一抹餘蔭，爭得國民黨中常委席位的蔣孝勇之妻蔣方智怡外，蔣孝文妻蔣徐乃錦、蔣孝武妻蔡惠媚向來都極為低調，總是想盡辦法為自己保留最後一點自由生活的可能。

比較起後來如夢般虛幻的富貴榮華，年輕夫婦在蘇聯的生活，竟然還真實一些。

蔣經國在日記裡回憶：「居一小間內，只能容一床一桌，每為臭蟲所擾，夜夜不得安眠。每個月難得配給肥皂一塊，一週難得有一小塊牛肉吃，我夫妻皆自食其力，雖苦難而值得回憶。」

多年來，人們都同情蔣方良，總覺得她想回到故鄉而不可得。但她的故鄉在哪裡呢？是那個早就沒有家人的前蘇聯嗎？是中國？是住了最久的台灣大直官邸？是她的丈夫？還是她內心深處永遠沒有打開的一角？

致謝

謝謝楊索與陳浩為我寫推薦序，謝謝時報出版非常專業的編輯群（社長趙政岷、總編輯余宜芳、主編湯宗勳、編輯鍾岳明、企劃劉凱瑛等），也感謝《壹週刊》人物組優秀的同事們，以及黎智英、裴偉兩位先生給我的影響和支持。感謝莊智耐心幫我找回文章與照片。最後要感謝本書中所有的受訪者。

因為你們，才有這本書。

新人間叢書 256

華麗的告解：廚師、大盜、總統和他們的情人

作　　者—董成瑜
主　　編—湯宗勳
責任編輯—鍾岳明
美術設計—廖　韡
內文排版—時報出版美術製作中心
責任企劃—劉凱瑛
圖片提供—壹週刊、時報出版（P.62）、中央社（P.85）、達志影像（P.344）

董 事 長—趙政岷
出 版 者—時報文化出版企業股份有限公司
10801 9台北市和平西路三段二四〇號四樓
發行專線—（〇二）二三〇六—六八四二
讀者服務專線—〇八〇〇—二三一—七〇五
（〇二）二三〇四—七一〇三
讀者服務傳真—（〇二）二三〇四—六八五八
郵撥—一九三四四七二四 時報文化出版公司
信箱—10899台北華江橋郵局第九十九信箱
時報悅讀網—http://www.readingtimes.com.tw
電子郵件信箱—history@readingtimes.com.tw
法律顧問—理律法律事務所　陳長文律師、李念祖律師
印　　刷—勁達印刷有限公司
初版一刷—二〇一六年一月二十九日
初版六刷—二〇二一年三月二十六日
定　　價—新臺幣三三〇元

⊙時報文化出版公司成立於一九七五年，
並於一九九九年股票上櫃公開發行，於二〇〇八年脫離中時集團非屬旺中，
以「尊重智慧與創意的文化事業」爲信念。

華麗的告解：廚師、大盜、總統和他們的情人 / 董成瑜著. -- 初版. -- 臺北市：時報文化, 2016.01
面；　公分. -- (新人間叢書；256)
ISBN 978-957-13-6526-8(平裝)

1.臺灣傳記 2.人物志 3.訪談

783.32　　104028925

ISBN 978-957-13-6526-8
Printed in Taiwan